肯定自己

KENDING ZIJI

[美] 刘墉 / 著

刘墉青春修炼手册

接力出版社
Publishing House

桂图登字: 20-2009-151

原出版者：台湾水云斋文化事业有限公司

图书在版编目（CIP）数据

肯定自己 /（美）刘墉著. —南宁：接力出版社，2021.7（2025.4重印）
（刘墉青春修炼手册）
ISBN 978-7-5448-7213-3

Ⅰ.①肯… Ⅱ.①刘… Ⅲ.①散文集-美国-现代 Ⅳ. ①I712.65

中国版本图书馆CIP数据核字（2021）第117955号

责任编辑：陈楠　文字编辑：谢林军
美术编辑：许继云　封面设计：叶春　营销主理：贾毅奎
责任校对：李姝依　责任监印：刘宝琪　版权联络：金贤玲
出版人：白冰　雷鸣
出版发行：接力出版社　社址：广西南宁市园湖南路9号　邮编：530022
电话：010-65546561（发行部）　传真：010-65545210（发行部）
网址：http: //www.jielibj.com　电子邮箱：jieli@jielibook.com
经销：新华书店　印制：河北鹏润印刷有限公司
开本：880毫米×1250毫米　1/32　印张：6.75　字数：140千字
版次：2021年7月第1版　印次：2025年4月第5次印刷
印数：28 001—33 000册　定价：47.00元

Contents

目录

第二章　自护

学会防备隐匿的险恶。

第三章　情谊

情谊，需要用不让热情落入冰水的敏锐来维护。

第四章　梦想

梦想，真是太吸引人了！

前 言

小学课本的内容早还给老师，但有一篇课文的题目却始终难忘，甚至可以说它影响了我半生，直到今天还总是清晰地在脑海中浮现：

“伟人从小就看重自己！”

并不是说从小就想当伟人，但从那篇课文，我获得了启示——

如果我们自己都不能看重自己、肯定自己的存在，又怎么要求别人来肯定我们呢？

初中上生理卫生课时，老师在教完“性”的那章之后说:“想想看！我们都是多么幸运啊！从亿万竞争者中脱颖而出，父母生下我们，为什么不是别人，而会是我们？在出生之前，我们已经打了一场大胜仗！所以不论自己是美，是丑，是聪明，或是驽钝，甚至残障，都应当庆幸——我们是独一无二的存在，这世上再没有任何人会跟我们一模一样了！”

高中时，我在街头风渍书堆里找到一本《尼采语录》，里面的内容多半艰涩，但是也有几句令我非常感动：

“人生是污秽的川流，要涵纳这川流而不失其精神，人必须成为大海！”

书里又说:“人是一样应超过的东西。你们做了什么以超过他呢？”

尼采更以强烈的口吻说:“不是牧者，就是羊群！”

从此，我建立了“超越自己”的想法，试着超越与生俱来的许多弱点，也极力希望超越“每一个昨天的我”，我最欣赏《礼记》中的：

“苟日新，日日新，又日新。”

和颜回所说的:“舜，何人也？予，何人也？有为者亦若是。”

“伟人从小就看重自己”，不也就是这句话的道理吗？

大一那年，我读到王国维的《人间词话》，其中印象最深的是：“古今之成大事业、大学问者，罔不经过三种之境界：‘昨夜西风凋碧树。独上高楼，望尽天涯路……’”

我细细玩味那三种境界，尤其欣赏词人在面对一片萧条时“独上高楼，望尽天涯路”的孤危感，和“舍我其谁”的胸怀，越发确定在人生起步的阶段，要有“肯定自己”的态度！

后来我出国，某日读到一篇报道，其中又有两句话，深深印在我的心上：“成功者不见得有过人的才智，却往往有其特殊的一种气质，就是他不信自己不能成功，也恨自己不能成功，那种愤懑，化为了力量，使他成功！”

文中最有力的一句话是：

“伟人的必要气质，是他自认必须伟大起来！”

有一天，我到清真寺参观，正逢“唤拜”的时刻，执事者在高处呼喊着。我问翻译，那呼喊的句子是什么，他说：

“快来成功啊！快来成功！”

我突然有了一种感动：成功不是可以等到的，成功也不必靠机缘，成功是要积极“去成功”的！

小学毕业几十年了！我不认为自己成功，但我始终追求一个比昨天更成功的自己；我也不认为自己有过人的才智，但我不信努力的成果会不如人。我永远奉为座右铭的话是：

每个人都应当从小就看重自己！

在别人肯定你之前，你先要肯定自己！

原版自序

夏天，我应公共电视台的邀请返台，为一系列文化节目进行评估。将近五个月的停留，使我对台湾地区的社会情况，有了深一层的认识，尤其是几次到学校演讲，跟年轻人的接触中，更知道了青年朋友的许多问题。

我觉得自己的孩子在美国学习所遭遇的困惑，与中国台湾年轻人十分相似。前者受西方教育，并接受父母的中国传统价值观；后者则在中国环境下，受西式的教育。他们有着同样的角色混淆与矛盾。

更深一层探讨，我发现台湾地区年轻人，在面对西方的民主放任与东方的教条约束，加上整个社会价值观的快速转变时，比西方孩子有了更大的彷徨。

人生的目标是什么？是一夕致富，得到一切想要的，还是按部就班，做个社会机器的小螺丝钉？读书是为求知？升学？当官？抑或最终的目的——发财？

当有一天真发财了，下一步又是什么？

确实，许多父母在自己追求理想，与为子女设定理想的过程中，已经有了矛盾。或许这正是我前两本书《超越自己》与《创造自己》畅销的原因。

因为它们为这个矛盾的现象，提出一些解决之道——一个并非填鸭式、教条式、道学式的解决方法。

教育是实际的，道德的准绳也要实际，我们可以悬得极高，但总得由低处引一条路，走向那高处的目标。

否则教育就与生活脱了节。

前两本书获得的热烈回响，加上对社会的观察，使我对这本书有了更多期许，也产生一种使命感。甚至可以说，由于过去一年间，我有半年以上留在台湾地区，使我一方面疏离开来，反省美国的教育；一方面针对台湾地区的问题，有了新的体认。这本《肯定自己》，与其说是我写给孩子的信，不如说它是写给海内外青年朋友的书。

过去两年未曾提到的吸毒、艾滋病、同性恋以及阶级观、世界观、价值观和道德标准的差异，都成为本书的主题。里面甚至有好几处谈到死亡与伤害。连我秘书被人打得满脸伤痕的照片都刊在其中。

因为这是真实的社会、真实的人生。我们要让下一代好好活下去，怎能不展示给他们真实的世界？

真实的世界，不是花房，不是温床，更不是父母的卵翼。

真实的世界，充满诱惑、陷阱与不公平。我们要面对它，战胜诱惑、跃过陷阱，打破那令人愤懑的不平，并创造公平的社会。

真实的世界，是有一天朋友可能比父母更有帮助，只有那些懂得打破僵局、化敌为友、创造机缘的人，才能左右逢源。

真实的世界，是充满生离死别的。如果不能从少年时代学着认知生命，一朝遭遇变故，可能造成无法平复的伤害。

真实的世界，是充满忧患的。笼中的鸟，若不学着觅食，出笼就会饿死；自小娇生惯养，不知民生疾苦的人，很难与民众结合。

真实的世界，正在以等比级数进步，只有抛弃狭隘的地域、阶级的观念，以开放的胸怀，放眼世界，关心宇宙的人，才能够在未来世界有过人的成就！

回想写《超越自己》时，我的儿子刚怯生生地步入史岱文森高中。而当我写完《肯定自己》，孩子将成为哈佛大学的新生。

早上，他做了一盘火腿蛋炒饭吃。又一面练琴，一面招呼修理工人，然后开车出去教琴。

看着他远去的背影，我心想自己的三部曲教育方法，或许真有了些成绩。它们可能失之严苛，但就算不完美，也还过得去。

从超越自己先天的弱点，创造自己个人的风格，到肯定自己存在的价值，虽然三本书都以“自己”为题，却绝对都是由“小我”走向“大我”。

我不想用“牺牲小我，完成大我”这样的口号。但我要说，如果一个人不能超越自己，用自己的脚站立，不能创造自己，表现出自己的特色，就不可能肯定自己，是天地间不可少的一个人！

而只顾自己的人，不可能成为“天地间不可少的人”！

希望每位看过这三本书的朋友，都能咀嚼我这几句话，然后无怍于天地地说：

我肯定自己！

第一章

独立

独立，必先经过生活的鸡毛蒜皮。

刘墉青春修炼手册

打赢每天的第一仗

我有一个朋友，先在新闻单位做到高级主管，莫名其妙地被排挤之后，改行做保险经纪，很快便成为百万经纪人；不久之后，又去办杂志，没几个月，就打出一片令人刮目的天下。

由于昨天睡得太少，你今天吃完晚饭，说要先去躺一下，再准备后天的考试。可是当我晚上九点叫你起床的时候，你却用被子蒙着头说：

“干脆睡到明天早上再起来念书，反正明天放温书假！”

你祖母也觉得有理，在一旁附和，可是当我问你明天早上打算几点起床时，你答：

“六点！”

“那么你算算，一共睡了多少小时？那是十一个钟头啊！后天要考三科，你能这样大睡吗？此外，你明天打算几点钟上床？如果照惯例拖到深夜两点，那是二十个小时，你可能连续读二十个钟头的书，仍维持高效率？戴隐形眼镜的眼睛又受得了吗？”

你蒙着被子想了想，跳起来。

是什么改变了你的初衷？是清醒之后的分析、判断！

当你睡得迷迷糊糊的时候，不可能有明确的判断。甚至你会发现，在早上起不来时，原先有的斗志都会消失，你很可能对自己说：“哎呀！这个计划太麻烦，何必呢？算了！改天再说吧！”

许多不错的计划，都是这样放弃的！许多可以改变一生的机遇，就这样被错过！

我看过一篇医学报道，说那些患忧郁症的人，睡大觉之后，常会变得更严重。相反，当他们睡得少，病情则往往减轻。

报道中没有分析原因，但我相信那些人患忧郁症，最大的原因，是不敢面对现实。而睡大觉，使他们离现实更远。

北方有句俗语:“好吃不过饺子，舒服不过倒着!”意思是好吃的东西，没有超过饺子的;舒服的事，没有比得上睡大觉的。睡梦提供给我们另外一个世界，一个在现实无法满足，在那里却能达成的世界，所以做梦有缓解精神紧张的作用。

问题是，当我们在梦中神游太虚时，身体还在这个世界，太虚毕竟不是现实。也就因此，当我们由美梦中醒来，发现“事与梦违”是最痛苦的，有时竟如同以酒浇愁，酒醒后的头痛一般。

记得我翻译过的那本《死后的世界》(*Life after Life*)，原作者瑞蒙·模第在序言中说过这么一段话:

> 其实死亡与睡觉有什么不同?都是对这个世界失去了感觉!唯一的不同，是睡觉还有醒来的时候，这醒来是多么可爱!

每次当我从无限美好的梦境回到艰困的现实世界，而万分痛苦时，都会用这段话来安慰自己。

你母亲一位同事的儿媳妇，在车祸后陷入昏迷，而被送进波士顿的一所昏迷人中心（Coma Center），她的丈夫甚至辞了工作，带着两岁的幼女，住在医院旁边，每天领着孩子到床前唤妻子、喊妈妈。他们祈求的是什么？

是奇迹！

什么奇迹？

醒过来！

当你想到死亡，想到那些昏迷的人，就会发现，这世上竟没有什么能比醒过来这件事，更来得可喜！

醒，并不那么单纯，这也就是为什么有“清醒”这个词的原因。醒而不清，或醒而不起，甚至再沉入梦中，常是使我们判断失误，或错过时间的最大原因。

我从半夜醒来，为你妹妹用微波炉热牛奶的经验中发现，半清醒和清醒对时间的判断，居然也有极大的差异。

白天我为她热牛奶时，总是跟着微波炉上的数字，暗暗在心里计算，久而久之，竟然不看数字，也能算得差不多。也就是默念三十秒时，微波炉也正好跳到三十秒。

但是当我半夜被你妹妹哭醒，睡意模糊地为她热牛奶时，却发现微波炉上的时间跳得奇快，我才算到十八秒，微波炉已经响了起来。

是微波炉快了吗？不！是我慢了！

慢的人，在感觉上会认为这个世界变得很快。

慢的人，他的时间变得比别人的少。

同样的时间，对一个人，在感觉上居然能有不同的速度，更何况对不同人了。我惊悸地体悟出这个道理！也由此了解为什么想贪睡一下的人，往往发现那“一下”竟使他“大大地”延误。

这世上居然真有许多设有贪睡装置的闹钟，当它响起时，你只要按一下“贪睡钮”，它就延后十分钟再闹，届时如果再按，它又会延后十分钟。

我反对这种闹钟，因为它使我们对睡前的决定讨价还价。如果睡前认定六点起床，为什么要拖到六点二十；如果可以拖到六点二十，睡前又何必定在六点？人不能对自己妥协。想想，对自己几个小时之前的决定尚且妥协的人，还可能对长远的理想坚持到底吗？

以上提到的许多经验，使我每天对起床这件事，都有了一种战斗的态度。我极力坚持自己起床的时间，并在中途醒来时，尽量保持清醒，因为启动不快的车子，不可能在赛车场上有杰出的表现。而每当我实在累得起不来时，都对自己狠狠地说：“一天开始的第一仗就输了，怎么得了！”

我有一个朋友，先在新闻单位做到高级主管，莫名其妙地被排挤之后，改行做保险经纪，很快便成为百万经纪人；不久之后，又去办杂志，没几个月，就打出一片令人刮目的天下。

记得当他黯然离开新闻单位时，一个朋友说：“别操心！他是遇到打击，先闷不吭声，躲在角落睡觉的人。但是只要睡醒，就精神抖擞，仿佛换了个人，开始生龙活虎地面对下一个挑战！”

没有人会说“白天的战斗，是为晚上睡觉”，却可以讲“晚上睡觉，是为白天的战斗”！

睡觉，是为醒来之后，走更远的路！

刘轩的话

两个人的斗争

每个人都知道，清晨多么美好，别因为睡眠浪费了。但在惺忪之际，硬逼自己起床实在是难上加难。我们得认清：半夜两点上床时发誓早上六点一定要起床，与隔天闹钟响时立刻把它按掉的人，是两个不一样的人！这不是意志力的问题，而是设定实际目标的问题。如果要早点起，就得早点睡。

我老爸曾经提到，他可不可以给乔安娜三块钱，每天叫我起床。我说不如把三块钱给我，由我每天约乔安娜吃早餐，想到跟她吃早餐，我自己就会起来了！

报一箭之仇

> 譬如张德培，自从法兰西公开赛夺冠之后，就陷入了低潮，固然有人说是由于身体情况欠佳，其实很可能是因为心理的压力。而当他跌出世界前十名之外，再参加美国大赛，在腿抽筋的情况下，愈挫愈勇，居然扭转局势，打败强敌，再度夺得冠军。

我们在院子里比赛投篮，起初互有胜负，但是当我以十一比六领先之后，你就开始急躁。每投不进，便大声地自责、跺脚，而在我进球的时候，你更连声叹气，问我是不是吃了大力丸；相对，你的球也就愈投不准了，几次甚至滚进了邻居的院子。

最后，我以二十比九获胜。当我进屋时，听见你大声吼叫："开玩笑！今天是怎么搞的，我就不信我投不好！"

我坐在起居室喝咖啡，看见你继续不断地练习，先是换短裤，后来连上衣也脱了，打着赤膊，在水银灯下奔跑，且不时用浇花的水管喷身体。当我推门问你要不要擦一点儿防虫药，免得蚊子叮时，你以咆哮式的声音说："不要！我今天非要连进十球不可，否则决不进去睡觉！"

你的外公，不知是不忍，还是真想到院子去，居然点了支烟，坐到球架旁观看；你母亲也抱着妹妹站在窗边。只是你的球更不准了，非但不进，而且常因用力过大而进了院后的树林。"没！"你钻进树林捡球时，妹妹说。

"有！"你钻回来时，妹妹高兴地跳。

就这样"没""有""没""有"，直到妹妹去睡觉，你还苍白着身体，沉着肩奔跑……

说实在的，我很心疼，怕你累坏了。

但是我也暗暗高兴，觉得这种"不信赢不了"的愤懑，会是你未来成功的动力；这世上许多了不得的成就，都起于这种"不服气"！

当然，也有很多人，因为不服气，而不冷静地检讨，结果愈加急躁，反而兵败如山倒。不但输，而且再也爬不起来。

许多敌人，就看准你“输不起”的个性，使用激将、起哄和幸灾乐祸的方式，逼你失去理智，陷入更深的泥淖！

当项羽战败，退到乌江时，刘邦的兵士为什么要唱楚歌？那是项羽和他手下故乡的歌啊！

唱敌人故乡的歌，不是使他感伤、怀乡，且带有讽刺的意味吗？也正因为他们认清项羽刚愎自用的个性，所以用这一招去攻心。果然当人劝项羽渡江等机会卷土重来时，项羽以愧对江东父老为由，拔剑自刎了！

许多人读到这段历史都会说，如果把项羽的地位换成刘邦，只怕就渡江了，而且还会反败为胜！

如此说来，项羽的失败，不就败在他偏执，而难以接受失败现实的个性上吗？

世间也有一种人，不是愈挫愈坚，而是愈挫愈放松，通常这种人是原先有心理包袱的。譬如张德培，自从法兰西公开赛夺冠之后，就陷入了低潮，固然有人说是由于身体情况欠佳，其实很可能是因为心理的压力。

而当他跌出世界前十名之外，再参加美国大赛，在腿抽筋的情况下，愈挫愈勇，居然扭转局势，打败强敌，再度夺得冠军时，你记得他怎么说吗？

他说："正因为我腿抽筋，使我在几乎放弃的情况下，反而能放松心情力拼，打来也就愈顺手……"相反，他的对手，却因为看到张德培抽筋，放松了戒备，等到惊觉压力排山倒海而来时，已经难挽狂澜了！

于是同样的"放松"，一个放松心情，一个放松戒备，前者就得到了反败为胜的机会。

问题是，当你今天落后时，有没有放松呢？

你是做了力拼！但属焦躁的、孤注一掷式的拼命，所以不但未能扭转战局，反而败得更惨。而在失败后，那样赌气式的自责，又有什么帮助？只怕你在喷湿全身的情况下受了凉，或因过度疲乏，接下来好几天都不能再上场！

如此，你还能达到"报一箭之仇"的目的吗？

一个人要学习接受失败。利用倒下的时间喘气，并思考再出击的方法。希望你能以昨晚的球赛作为教训！

对了，最后我要问你：

你真的连进十球了吗？

刘轩的话

报自己的仇

我高中的朋友马克告诉我，他到篮球场练习投篮时，常会跟自己说:“我今天一定要从同一个地方连续投进十球，否则不回家！”他说他曾经好几次投到三更半夜。我觉得那种精神很值得学习。那天，我心想即使无法赢过老爸，也要战胜自己，于是私下发毒誓，没连进十球决不罢休。但是偏偏在气头上，很难定下心，所以愈投愈不顺。我老爸很坏，还会在旁边念咒，干扰我，让我失常。

还好，老爸后来进屋子了，才能让我定下心来。是的，那天我最后投进十球了！（第二天膀子好酸……)

龙虾与龙头

我希望当你有一天到女朋友家做客，她妈妈夹一整只龙虾到你盘里，你能毫不犹豫，准确地动手吃，按部就班，吃得干干净净，使对方知道你“见过世面！有经验！”而当她们的龙头漏水时，你又能立刻拿起扳手，拧开螺丝，换上橡皮圈！让人知道你并非娇生惯养，而是对家庭有责任、有担当的青年。

一夜的倾盆大雨，使原本就有些堵塞的天沟更无法承担，雨水像瀑布一样直泻而下，有些沿着房檐回流，扑扑地打在玻璃窗上，使我一夜都没能好睡。

下午看雨小些，我扛出梯子，又找了一副橡皮手套，把你从楼上叫下来。

“去清天沟！这个工作算你的！你做外面，我管里面！”

“天沟里有马蜂！”你很不情愿地说。才登上梯子，往天沟里看一眼，又大叫：“哪里是树叶，根本就变成稀泥了！又臭又脏！”

我装作没听见，只是递给你一个塑胶袋：“把清出来的东西丢进去！”就转身离开了。然而我又不放心，怕你梯子架不正，或地面因为连日的豪雨松软，造成梯子歪斜。虽想让你一个人完成工作，但还是不放心地出去帮忙。

我在下面扶着梯子，看你把脏东西抓出来，又递过水管，用强力的喷水清除屋角够不到的地方。岂知污黑的泥浆和朽叶飞溅得我们满身都是，把房子新漆的外墙也弄脏了，只好再拿着拖把去清理墙壁。不巧的是，天上又落下豆大的雨滴，使我们狼狈极了。

只是看到那滚滚的雨水流进天沟，又一下子转入通地的水管，再也没有溢出的现象时，我们都笑了！

“奇怪！从来没觉得流水的声音这么好听！”你说。

“因为它不再只是一条与你无关的天沟，而成为‘你的’天沟！那是你淋成落汤鸡，又弄得一身泥，换来的通畅！”

记得以前有一次我移植韭菜，请你出来帮忙，那时你不敢碰泥土，用两根手指尖做事，气得我和了一摊稀泥，命令你把两只手都插在泥里。相信你一定没忘吧！

我当时说："你每天吃的白饭、面包、水果，哪样不是从泥土里长出来的？我们死了之后，也都会变成泥！我们住的、站的、躺的，哪一刻不是以这大地为基础？你要尊重土地！"我更对你严肃地说："每个人的福分都是命中注定的，小时候太娇，连泥土也不敢碰，四体不勤，五谷不分，并不是好事！"

说句实在话，今天有几个人不是"五谷不分"呢？我这样说，只是告诉你，不可有娇贵的想法。人生不可能都是顺境，小时候太娇，只怕未来难以刻苦，也不容易了解别人的疾苦，使你变得孤独。

我就基于这种想法，常要你做些粗活。我叫你跟在园丁旁边，看他工作，并对你说："以后，由你剪草修花，省下一笔开支，以便交大学学费！"

在我修补浴室瓷砖之后，也留下一大堆清理的工作，叫你拿着海绵擦拭溢出来的石膏。

甚至当工人敲打地下室天花板时，我居然叫你去看里面的管线，弄得你一头灰！

我更不准你坐车去火车站，而使你走很长的路。

我是一个多么残酷的老爸啊！

但是你也要知道，当有一天你在外面遇到水管、龙头、瓷砖、天沟、警铃、雪窗、剪草机这些问题，别的娇生惯养的年轻人都束手无策时，你却能轻松地处理。

你或许要说何必自己动手，可以请专业的人来！但是请问像今天的天沟不通，你请人，他能立刻到吗？最重要的是你要了解，这虽是一个专业的时代，却也是一个人人都得自己动手的时代。

一群专业工人合作盖房子，回家之后，泥水匠可能自己修水电，水电工人可能自己补墙壁。

他们为什么不各自到对方家修理呢？

因为工作忙、交通挤、地方大，他们没时间跑来跑去！也可以说，正因为过度专业，那些专业人才已经只能管大事，不能管小事了！

小事谁管？

自己管！所以不要认为那是大材小用。一个真正成熟的现代人，是能屈能伸，并懂得充分自助的！

我希望当你有一天到女朋友家做客，她妈妈夹一整只龙虾到你盘里，你能毫不犹豫，准确地动手吃；按部就班，吃得干干净净，使对方知道你“见过世面！有经验！”

而当她们的龙头漏水时，你又能立刻拿起扳手，拧开螺丝，换上橡皮圈！让人知道你并非娇生惯养，而是对家庭有责任、有担当的青年。

好妻子、好丈夫或能守能攻的现代人，都要从小做起，从家做起，自助助人！

刘轩的话

松果与白雪

从小家里就会要求我做家事，身为长子，我觉得这理所当然。但是老爸叫我做的事，还蛮怪的。

例如，老爸曾经要我清理家里的假树，一片一片擦拭叶上的积尘。他抽查三叶，如果上头都没有灰，就给我二百美元工资；如果有灰，我就得倒赔他一百美元，我曾为此提心吊胆地擦了两天两夜。老爸也曾叫我出去捡松针，好给我妈做熏鸡用，还有捡松果（这就不知道为什么了）。

我的同龄朋友也做家事，但他们洗车打蜡、油漆房子，还做木工。对我来说，那才是真正上道的工作。我了解老爸希望培养我对家庭的责任感，但同时也希望自己能做些男人做的事。而且重点是：我希望自己找出做事的诀窍。老爸在旁边督促，压力实在太大。

上次我回美国，正逢下雪。铲雪一向是我的事，但我也用老爸的机会教育，叫妹妹出来帮我铲。一辈子没铲过雪的妹妹，连铲子都不会拿。我很想指点指点，但想起自己以前的经验，还是决定让她自己慢慢摸索，发现她也玩得挺开心。

如果有机会，我希望她也可以体会到“捡松果”的乐趣！

清理夏日的天沟，像通阴沟一样，是苦差事。

失重的感觉

曾有人问那些中大奖的人，未来打算怎样安排自己的生活。他们说："我们先还清房子的债款，买两辆新车，送些钱给我们的父母，去佛罗里达度个假，然后开着新车回去上班！"

你筹办多时的派对，终于结束了！可是一直到下午两点，居然都没见到你的人影，连一向震耳欲聋的音乐也消失了。我上楼探视，发现你躺在床上发愣，一副无精打采、有些落寞的样子。

这情景，使我想起以前演舞台剧，在热烈的掌声中落幕后，又回到台前谢幕，再次接受那英雄式崇拜的掌声。全体演员拉着手，以最优雅的姿态鞠躬，并看着幕布终于落下。

接着，便听见台下椅子移动和嘈杂的人声，然后是逐渐稀疏的脚步，以及剩下的沉寂。

这时幕布又被升起，以便拆除布景和打扫舞台，许多演员在卸妆后再到台上绕一圈，大家相对笑笑，深呼吸几口气，像是说“好不容易，终于演完了”，又像在做深深的叹息！

松口气的时候，明明应该是最欢愉的，为什么反而叹息呢？这是多矛盾的事，但也是千真万确的！

我曾看到一个孩子在紧急刹车声中，躺在车子的前轮下，面色苍白直奔过去的母亲，在发现孩子居然幸运地毫发无伤时，突然出手，狠狠打了孩子两记耳光，当旁边的人怪罪：“孩子没伤，你该高兴才对啊！”那母亲一言不发，掩面跌坐在地上痛哭失声。

她的哭，不正是在松口大气之后吗？当她奔向车子时，已经容不得她去想哭这件事，只有到松弛之后，一股脑儿地发出来。

有个周末，由纽约北部来上课的学生，请我填一份学费的收据，说可以由他们的公司付钱。原因是公司发现退休的员工，常活不了多久，于是接受医学专家的建议，鼓励即将退休的人，学习几种休闲技艺，或培养一些爱好；果然施行以来，退休的员工，寿命延长了许多。

大紧张与大兴奋之后的轻松，不见得是全然的快意，那轻松往往只停留短暂的时间，接下来的反而是疲劳显现或茫然失措。

记得我在你这个年岁，每次月考完，都会去看场电影，而在电影散场时，竟是我最沮丧的时刻，因为我会突然跌入现实：过两天发成绩单，会不会考得太差？为准备月考而欠下的功课，还能拖得了几天？

但这沮丧很快就消失了，因为成绩单终于发下来，功课也终于赶完交上去了，并有了新的功课和考试。真正较长期的沮丧，反而是在联考放榜后的一段日子。

那应该说是茫然，一下子放松之后的失重感，因为旧的目标已经达成，新的目标尚未设定！

曾有人问那些中大奖的人，未来打算怎样安排自己的生活。因为数千万美金使他们三辈子也用不完。但你知道最普遍的答案是什么吗？

他们说："我们先还清房子的债款，买两辆新车，送些钱给我们的父母，去佛罗里达度个假，然后开着新车回去上班！"

是的，他们没有开着新车东游西逛，却常常是回到自己的工作岗位。其中有人说得好：

"工作，是生活的一部分。白吃，白拿，活着还有什么意思！"

另一个人说得更妙：

"有了足够的钱，仍然努力工作，愈会被人尊敬！因为你不是为吃工作，而是为工作而工作！"他强调，"每一种生物，都会为吃工作，只有'人'属于后者！"

听了这许多，你应该了解为什么在这轻松的暑假，办完派对，反而有一种说不出的沮丧。

这沮丧要怎么治疗？答案很简单：

"投入现实，设定新的目标，迎向新的挑战！"

刘轩的话

来不及失落

我经常感受到文中提到的失落感。例如接音乐案子时，可能交件前两三天完全不睡觉，整个人陷入一种歇斯底里的亢奋状态，脑袋里反复奏着电影《碟中谍》的主题曲；有时快递已等在门口了，我还在刻光碟！但当工作完成，在短暂的轻松与庆幸之后，往往又落入莫名的低潮。

办活动时，连日的筹备、搭景、彩排，都是为了一场戏或一场秀。活动一结束，工头一声“撤”，所有人员立刻拆景，甚至连失落都来不及感受。这就是人生。在尚未体验结束的失落时，下一场已在等待着我们！

一开始，就不让它错！

你知道我们台北办公室的一个工人，一天能包多少本这样的书吗？四百本！而你呢？七本书竟包了半个小时！

下午我请你帮忙包画册，你居然把沉重的书由地下室抬到二楼，再打开冷气和电视，一边看热门音乐节目，一边蹲在地上包书。

当我很不高兴地指责你，为什么把书运上楼，又采取那么吃力不讨好的姿势包书时，你态度欠佳地说：

“你怎么不想想，我在包过几十本之后，自然会发展出比较好的方法？而且我不在乎上下搬，我有体力！”

对于你贪图冷气和电视节目这一点，我不打算多说，却要严正地告诉你：做事之前不计划，便匆匆下手，心想可以从错误中摸索的态度，在几十年前或许可行，用到今天却错了！

你或要说："从错中学有什么不对？"

那么我要问，为什么不一开始就做对呢？

当一群人竞争的时候，哪种人能获胜？当然是"错得少的人"！这就好比开车，在不赶时间的情况下，你可以说"慢慢找嘛！错了再掉头，总会碰上的！"但为什么不想想，如果能先看好地图，勾出路线，你就不必慢慢找，也就不必掉头。于是省下了时间，可以做些其他的事！

时间！这正是问题的重心。几十年前车子少，你可以掉头，今天处处是单行道，只怕你错过一个出口，就要用很长的时间，才能找回去。而且车子多，你漫无头绪，容易出车祸。你没看见连出租车里都贴着条子，不接受"原地回转"吗？结果这"慢慢找"是既误时，又不安全的。

如此说来，为什么要匆匆行动呢？

你就犯了这毛病！

在这一切讲求效率的时代，不先计划，就匆匆动手的人，未行动之前，已经注定了失败！不了解敌情，就匆匆出兵的人，在未开枪之前，已经注定了战败，而那战败，很可能便是死亡。

我曾读到一条新闻，有个人离奇地死在车子的驾驶座上，头则伸在窗外，被电线杆和自己的车身夹得血肉模糊。调查的结果是那人在黑夜倒车，头伸向窗外，想看清后面的路，结果路还没看清，先倒了车。

这不就是匆匆行动造成的惨剧吗？

记住！这个时代与几十年前完全不同了！农业时代靠口传心授的知识，和勤奋练习得到的技术。但是现在科技通信发达，你就算完全没有认识，也可以获得足够的资讯；即便毫无技术，也有适当的机械供你使用。所以人们可以在完全不摸索的情况下，就找到捷径，获得成功。

换句话说，那等着从错误中摸索的人，则必然要遭到落后和失败的命运！

请不要说你现在还小，所以要跟着大人慢慢学。因为十八岁已经不小，今天这世界上许多年轻人，二十岁不到便崭露头角，丝毫不让成人专美于前。他们有风格、有魄力、有经验！哪里得来的经验？

书本上，电脑中，自己的分析实证！

现在的科技能用电脑模拟核试验，能在室内制造浪潮和强风，能在模拟飞行器里训练飞行员，能在电脑上演奏交响乐！

那些年轻人正因为知道使用科学辅助，加上没有过去工作的包袱，敢于驰骋自己的想象力，所以能有惊人的成就！

“英雄出少年”，这句话说了千百年，今天却比过去任何时候都正确！我们甚至可以说：少年不成英雄，后面的路将更难走！如同一大群人赛跑，如果你不能一开始就冲到前面，只怕因为前面挤满了人，即使你跑得快，也无法发挥！

现在回到本题！你知道我们台北办公室的一个工人，一天能包多少本这样的书吗？

四百本！而你呢？七本书竟包了半个小时！

为什么有这样大的差异？

因为他们运用桌面和墙壁顶着纸盒，不让它滑动，再准确地贴上胶条。在工作之前，先研究了方法，所以能有最高的效率！

“从错误中摸索”，这句话已经过时！今天我们要说：

“用思想，用方法，用工具！从一开始，就不让它错！”

刘轩的话

和平时代的包书工

老爸很爱举战争的例子，但我想强调——我们正生活在和平的时代，打仗才是不正常的状态。也许战争例子凸显了生死之间的严重性，但那毕竟是非常时期。

我同意老爸的观点，做事应该讲究正确的方法。但许多年之后，他竟然让我妹妹一边看格莱美音乐奖颁奖，一边做功课，并在书里倡导这是孩子的自由。所以我要抗议了：为什么我包书，就不能看电视？老爸又没急着要去寄书，我用自己的时间一边工作，一边娱乐，没什么不好啊！

经过作者一手调教的刘轩，现在是作者绝佳的帮手及顾问。本照片为作者父子摄于台北水云斋出版社办公室。

叛逆少年

那时编校刊的同学，由于学校拨了一个楼梯间供我们使用，于是画地为王……房间里除了桌椅，还铺上毛毯，有时故意逃课去睡觉，以引得其他同学啧啧称大胆，而自以为英雄。

春天，我应邀到台北一所高中演讲，没去之前，里面的老师就吓唬我：

“别把学生估得太高了，今天的高中男生可不比从前，他们自以为了不得，什么人都不看在眼里。尤其可怕的是，他们居然黑白不分，譬如举行班际的合唱比赛，明明表现杰出的，他们却发出嘘声；至于那荒腔走板的，他们反而猛鼓掌叫好……”

当天我到台上，场面果然不含糊，前面校长讲话，我没听清楚几个字。轮到我演讲，虽然安静了不少，却老觉得好像有蜜蜂在飞。令人不解的是，尽管不少学生在下面讲话，但说到好笑的事，又会立即有回应；偶尔问问题，连坐在最后面的学生，都能提供正确的答案。

这件事，令我十分不解：难道那些十六七岁的大男孩，有一心两用的本事？一边聊天，一边又能听讲？

我很快获得了答案——

好几个听讲的学生写信给我，并相约到我的画室。

“你知道我们听你演讲，听得多辛苦吗？”一个学生见面就说，“我们得一边彼此交谈，一边又集中注意力，发挥最灵敏的听觉，抓住你说的每个字！”

“那么，你们何不安静下来？或纠正爱说话的同学呢？”我问。

“那还了得？不是要被骂‘臭屁’‘爱表现’了吗？会被人瞧不起的！所以每个人都想安安静静听讲，却又不得不装作很不屑的样子！”

我没有责怪他们，因为从他们身上，我看到了高中时代的自己。

我曾经抱怨学校省电，白天不开教室后面的灯，而故意在督学来的时候，发动好几班同学点蜡烛，用讽刺的模式表示不满。

那时编校刊的同学，由于学校拨了一个楼梯间供我们使用，于是画地为王，在门上贴着“成功（成功高中）代有才人出，各领风骚两三年”。房间里除了桌椅，还铺上毛毯，有时故意逃课去睡觉，以引得其他同学啧啧称大胆，而自以为英雄。

甚至有人故意躲在里面抽烟，当训育组长进来，不好意思纠正，笑问“好像有什么奇怪的味道”时，得意地拍组长肩膀：

“还是我们年轻的组长上道！”

尤其不可原谅的是，当时有些同学，居然会制造出“某几个老师，联手打学生”“某老师同性恋”“某主任贪污……”之类的谣言。而且话一传开，就众口铄金，虽然没有任何人能证实，却一个比一个斩钉截铁，一个比一个咬牙切齿！

谁敢挺身而出呢？如同前面所说的，即使你想叫别人不讲话，也不敢哪！

向威权挑战，是多么英雄的事！不论对与不对，这种挑战的勇气就是值得叫好的！不是吗？

问题是，包括我在内，大家为什么不想想，敢于逆流前进、独排众议，如同司马迁为李陵辩护、韩愈谏迎佛骨，虽然落得被阉、被贬的命运，不更是一种英雄的表现吗？

而且那表现更孤高、更果敢、更节烈！它不是随俗从众，而是为正义与良知发言！

其实岂止十六七岁的大孩子有那种盲目的英雄式行为，大学生也可能如此。

记得我有一年教课，班上有个男生不但公然迟到、早退，而且经常莫名其妙跟我唱反调。我知道他是想吸引女同学的注意，所以没太理他。直到有一天，好几个女生，一起忍不住地开了口："你想不想听课？不想听就滚出去！"

这捣蛋鬼先是一怔，接着夹起书本，冲出门去。每个人都相信，他再也不会出现了！

他居然又出现了。在大家进教室之前，已经坐在角落。从此完全变了个人，下课还帮我收拾幻灯片呢！

学期结束，他得了A！那是他应得的，因为即使在他爱捣蛋唱反调的时候，每次考试，他也都答得很好。如同台北那批高中学生，他是一面表现反叛，一面努力学习。

我变得很喜欢他，至今在校园遇到，还总是停下来聊聊。我知道这种有叛逆性的学生，叛逆期过后，往往能把那种特有的冲力，发挥到学问或事业上，而在未来有杰出的成就！

最重要的是，他能“知耻近乎勇”，在众同学面前幡然改过。不是有大勇的人，如何办得到？

年轻人！你也有叛逆性吗？那并不坏！但你更要知道，什么情况，是需要大勇的时刻！

刘轩的话

叛逆之必要

我大学三、四年级的暑假曾回台湾地区巡回演讲，内容从自己的成长过程，谈到那个年岁所体悟的人生。其中有一系列的演讲跟我的一本书名一样，就叫《属于那个叛逆的年代》。当时，我对那些年轻的听众说，没有原因的叛逆，就不能称之为值得的叛逆，为叛逆而叛逆是没有道理的。但后来，我收到一些读者和听众的来信，发现自己必须修正先前说过的话。

因为我也曾经小小叛逆过，走出叛逆后诚实回顾过往，会发现当时自己心里确有一番道理，只是无法把它条理化地说出来，因此也只能暗暗怀着一股不服气与不平衡。不服气的原因可能是父母无理的要求、不公平的对待，或是学校里所学与现实的相互矛盾。我觉得这种叛逆的态度，是为了表达一种“不想玩这种游戏”的心理。

少年时期的叛逆，未必真要有明确的道理，没有明确的道理也未必就是负面的。很多时候，叛逆是为了意气或义理之争，也是社会上必须存在的声音。

例如二十世纪六十年代，如果没有嬉皮士在行为、装扮与谈吐上，挑战当时的保守势力，当时美国在越南进行的战争可能会持续更久。即使后来很多嬉皮士摘下耳环，系上领带，变成了名副其实的中产阶级，他们当年的叛逆还是具有意义的。像这类叛逆的声音，是给社会的警讯，是必然，也有必要。

走下赌桌

一个男人如果不知道什么时候，把自己从女人身边拉开，一个女人如果不知道什么时候，把自己从孩子身边拉开，一个孩子如果不知道什么时候，把自己从电视前面拉开，他们就很难出头！

早上园丁来剪草，我们顺便请他把原来嫌低的篮球架，提升到三米高，并试着投了几球。

然后我就进屋工作，却见你连续不断地投篮，有点欲罢不能的样子，我连着叫了你好几次，你都答好，却又继续玩下去，直到我大声喊“你打球的声音影响了我写作”，你才心不甘情不愿地停止，且走回一半，又跑到篮下扔了几球。

“现在是大清早，投几球就够了，你应该把握最好的精神状态，做一点儿特别需要思考的事！等下午有空再打球！”我说，“最重要的是，你必须学习控制自己，要停止，就停止！”

“我当然要停止就可以停止，只要把球收起来，不就停止了吗？”你不服气地翻白眼，“这有什么稀奇？”

那么我问你，哪个赌徒坐在赌桌前，是有枪指着他，叫他非赌下去不可，而不是要停止就能停止的？但是又有多少人心想：再赌一把吧！只一把就好！赢了就走！结果一把接着一把，输得倾家荡产，妻离子散！他心里的那句话，不是跟你想的“再投一球吧！只一球就好！进了就走”一样吗？

那赌徒不是也可以在任何时候，把剩下的筹码一收，说“我不玩了”，就起身离开吗？

所以不要认为“再投一球”没什么稀奇，世上许多人苟且、拖延，最后失败，都是这种心理造成的！

记得我小时候很爱吃巧克力，每次你爷爷拿巧克力回来，都对我说：

“这种巧克力不便宜，慢慢一天天分着吃，不要一下子全吃完了！”

问题是那巧克力不像现在的巧克力条分成一格一格，而是一大块。我只好从凸起的地方咬，先把有尖角的地方吃掉。

可是咬来咬去，总有些凹凸不平的地方，我也就继续咬，虽然知道已经吃掉不少，但心里总说：再咬一口就好了。

到最后，我满脸都是巧克力，黏黏的手上抓着的则是一块小小如方糖的巧克力。

我干脆一口把它吞了下去！

如果那巧克力代表的是钱，我岂非在不知自制，一步步自我妥协的情况下，最后自暴自弃，终于倾家荡产、一无所有了吗？

由此可知，“自我妥协”实在是人类的天性。但你也要知道，如果无法战胜天性，我们就很难获得过人的成就！

我常说：“一个男人如果不知道什么时候，把自己从女人身边拉开，一个女人如果不知道什么时候，把自己从孩子身边拉开，一个孩子如果不知道什么时候，把自己从电视前面拉开，他们就很难出头。”

问题是，爱慕异性、疼爱子女、喜欢娱乐，不是人的天性吗？难道要成功，就要违反天性？你记得我以前在卧室窗外总挂着一个喂鸟器吗？每年春天，我都躲在百叶窗后观察大鸟带着小鸟来进食的情况。

麻雀总是子女特多，一排四五只小鸟，羽毛蓬松地挤在一块儿，每次大鸟衔着食物飞近，小鸟们便不断振动翅膀，张大嘴巴，并发出叽叽喳喳的叫声。

起初大鸟都先到我的喂食器里吃小米，再飞去地面咀嚼，然后回到小鸟身边。但是渐渐地，大鸟减少了喂小鸟的次数，有些小鸟追到父母身边，大鸟不堪其扰，才勉强喂几口。

但是再过些时就不一样了，大鸟非但不再喂，而且躲着小鸟，甚至采取攻击，把小鸟啄退。

于是我开始反省，或许把子女赶离自己的身边，也是一种天性，因为若不这么做，做父母的难成功，子女也难独立。

话说回来，连鸟都知道自制，在应该停止的时候停止，以追求更大的进步。我们人类，还能不如此吗？

记住！再玩一球、再吃一口、再赌一局、再睡一分钟，听来都是小事，那里面“自我妥协”的细菌，却可能侵蚀你的骨头，使你一辈子站不直！

刘轩的话

人生赌局

我深信自己没有偏财运，也读过赌场里的胜负概率，所以我不爱赌。

但是，有时见识到那种一掷千金的豪气时，我也会很佩服。人生充满赌局，下的赌注愈大，就可能赢得愈多。许多大企业的创办人都有赌性，像以创造米老鼠与唐老鸭闻名的沃尔特·迪斯尼，为了开创动画公司，将毕生的积蓄砸进去。之后遭逢第二次世界大战而差点破产，卷土重来后，又同样为了成立迪斯尼乐园而倾尽所有。如此的开创性与魄力，就算是赌，也值得学习。与其总站在一旁观战，还不如亲自上阵。看到有把握的赌注，是应该行动。但是如果输了，必须知道何时该停。

老爸看我投球欲罢不能，就写了这篇文章。其实，我只不过像我朋友马克一样，挑战自己是否可以连进十球呢！

你自己决定吧!

你的书不是我的书，我无法为你取舍；你的纸箱也不是我的纸箱，我自己都分身乏术。最重要的是，你不是我，更不是我的影子，我不能为你做主一辈子！

为了搬家收拾东西，我真是忙得昏天黑地，可是每次问你准备得怎样了，你都好整以暇地说："不急嘛！两三下就可以弄好。"直到距搬家公司来运东西只剩两天的时间，你才开始拿纸箱到卧室，却又不断来问："怎么封箱底？""不要的书是否要送给图书馆？""胶带没了怎么办？""前一年的笔记本要不要保留？""淘汰的书是不是扔进垃圾袋？”

这时我给的答案都是同一句：

“你自己决定吧！”

你应该很高兴听到这句话，记得我小时候第一次听见你祖母对我说：“你自己决定吧！”有一种莫名的兴奋，就像听见“王妈妈送的压岁钱，你可以留着自己用”似的想要跳起来，因为那表示我可以做主了！

做主是多棒的事！

做主是不必凡事去请示，做主是能按照自己想做的方式去做，做主是拥有支配的权利，做主是不必再听别人使唤！但记住：做主也是对自己的行为负完全的责任，甚至对别人负责！因为个人的行为会影响别人，当然自己做主，也就要考虑对别人的影响。譬如我是一家之主，听起来很有权威，却要对一家人负责；譬如你母亲是入学部的主任，也是主，便要对她的整个部门负责。

于是这做主就变得不轻松了！

今天，我就要你做主，做你收拾自己东西的主！你可以对自己的东西操生杀大权。留？不留？带到新家，抑或丢进垃圾袋？全在你的一念之间！

当然，相对而言，你也就要考虑怎样去芜存菁，或在抛弃一样不该抛弃的东西之后，接受它所造成的损失。尤其麻烦的是，过去你问我怎么做这个、怎么做那个，我都一一解说，现在却要你自己解决。

你说没有封箱的宽胶带，我说我有一卷，但是自己正在用，无法分给你，请你自己解决！

你可以翻箱倒柜地找、去邻居家借、请已经能开车的同学载你去买，也可以冒着雨，走路到一点五千米外的小店买。

但，请不要问我“该怎么办”。

现在是你自己看着办！

不要觉得我冷酷，因为你已经到了应该自己对自己负责的年龄。你的书不是我的书，我无法为你取舍；你的纸箱也不是我的纸箱，我自己都分身乏术。最重要的是，你不是我，更不是我的影子，我不能为你做主一辈子！

记得我认识的一个长官曾说过一段话——“打仗的时候，上面只要求你几点几分攻下目标，而不问你的人是不是过度疲劳，不可能赶这么快！也不问你的火力够不够、粮食足不足，因为他们考虑的是全盘战况，无法一一照顾你的需要。总之，你生，你死，是你自己的事！在几点几分攻下那个据点，则是你无法逃避的责任。”是的，责任常常无法逃避。一个成熟的人，必定是能从头到尾负责的人。因为他知道，责任是一环扣着一环的，班长无法达成排长交下的任务，排长无法达成连长交下的任务，这样一层层推上去，只要下面的人不能完成使命，上面的目标也就无法达成。而战争是关系国家安危、民众死生的，岂能有人不负责？失职的人又怎能不接受最严厉的惩罚呢？

回过头来，虽然搬家不是打仗，但是当搬家公司的车子到达时，如果你还没有整理好东西，我们全家的行动不都要受影响吗？

而隔天，买我们房子的人就要迁入，他们原先住的房子，也可能有急着搬进去的新屋主，这不也是一环扣着一环吗？

说了这一大堆，还是那句老话：

“你自己决定吧！”

刘轩的话

一步一步做决定

这篇文章，害得成千上万个中学生写了成千上万份作文。不过我现在回看，觉得这的确是一篇具有代表性的文章。它所传达的想法，在《超越自己》《创造自己》《肯定自己》里面反复出现，但我觉得也有一些矛盾——

虽然从《上课第一天》我老爸就强调，孩子总要走自己的路，而父母是终要放手的，但同时，他又很难不让自己插手于我的生活。他曾宣布不再过问我如何念书，只看我的成绩，却又苦口婆心地教我如何规划我的课业。他呼吁我要找最快的方法做事情，又提醒我不能依赖捷径。他叫我不要让应酬影响自己的时间，却又说好朋友值得“再看他一次”。

这些矛盾，曾经成为我叛逆时代的火药。“反正他说的就算啦！”我消极地告诉自己。似乎对每件事情，老爸都有一番道理，而从他的道理单独来看，其实都没错。只不过我年纪愈大，愈发觉人生很复杂，而每件事需要个别思考，才能做最好的决定。

研究人的心理发展，我认同“阶段性”的理论：在较早的阶段，孩童对世界的认知是由长辈直接传达下来的，随后在少年时代受到同侪的影响。然后，当一个人逐渐发现生活的矛盾，便开始下一个艰苦的阶段，把以前被灌输的观念一一拨开来，再建立真正属于自己的世界观。而打开这个阶段的钥匙，就是“决定”。当我们被赋予决定的权力，就是迈向成熟的开始。

所以，我很高兴老爸讲了这么多大道理之后，竟然潇洒地说：“你自己决定吧！”这句话，比他以前给我的玉佩更具价值。它是我的成年礼物！

辛苦的假象

记得有人问英国前首相撒切尔夫人怎样在日理万机之外，还能照顾家庭。答复是：“把要做的事，条列下来，做好之后，再一项项删去就成了！”听起来多么简单，真正的道理，是她既能积极行动，又能计划先后，随时看情况调整。

你自己走路去火车站，回来之后大声抱怨：“天哪！我差点没赶上火车，你知道路有多远吗？足足用了二十五分钟，我还跑来着呢！”

听了你的话，我想起第一次去搭火车时，就早早出门，没想到一路“走”去，只花了二十分钟，害得我在车站多等了近半个小时。直到回来质问你，你才说：

“我又不是一路跑去，而是慢慢逛，直到发现时间快来不及了，才用跑的！”

于是我要责怪你——又一次提供错误的情报，同时制造辛苦的假象。

制造这种假象的，何止你！许多成年人都会！譬如家具公司送来我定制的书桌，虽然比预定交货的时间晚了十几天，但那老板打电话通知送货的时候，还气喘吁吁地说：“真不容易！总算完工了！”

可是书桌送来，里面全是木屑，溢到外面的强力胶根本没清理。结果用我的画室当工厂，又忙了半天。

看那老板满头大汗的样子，好像他延误的这段时间，都在跟书桌苦战。可是当我私下问工人，一共要花几个工作日时，工人笑答：“专心做嘛，两个人用不了四天！”

这样看来，那老板不是和你一样，制造了一种辛苦的假象吗？

我也常遇到这样的事。譬如裱画，十天前就把画送去，并要求师傅最少让画在墙上干七天，免得以后变形。但往往在该交活的前四天去看，发现他还没动手呢！

当我责怪他们不早动手时，店里人都说："没办法啊！前面有前面的工，别人的画也都迟了好几天，如果把你的提前，人家的画就根本好不了！"

听起来很有道理，但这么想，如果裱画店暂停几天不接生意，或用年节放假时，发愤不休息，把拖下来的画裱好，使所有的画都提前三天动手，不是就全能准时交活了吗？

他们做不到的理由很简单，因为"拖"！而且拖具有连贯性，当所有的事，到后来非完成不可，自然拖到一定的时候，就不能再拖。只是当他做这件已经迟了的事时，下一件当然又被拖了下去。

于是一拖，拖了一串！到头来哪件事都没少做，却每件事都没能准时做好。而且因为他们并没省事，于是向人制造辛苦的假象。辛苦没有错，造成辛苦的是"拖"，而非事情本身！

拖，应该是人的本性，它根本的原因是"懒"；另外的可能，则是不知道计划时间。治这个毛病，立即见效的办法是：到手就做！不要犹豫，因为犹豫已经浪费了时间。许多人碰到事情太多，便乱了方寸，想从这件下手，又想从那件开始，结果“到手就做”的人已经完工，他却还没有行动。

至于不但速效，而且速成的良方，则是将所有的事条列出来，立即决定做的优先顺序，并立刻动手！

记得有人问英国前首相撒切尔夫人怎样在日理万机之外，还能照顾家庭。答复是：“把要做的事，条列下来，做好之后，再一项项删去就成了！”

听起来多么简单，真正的道理，是她既能积极行动，又能计划先后，随时看情况调整。

当你发现自己总是慢、总是迟、总是赶的时候，请你想想我的话。抓住一个放假的空当，把未来非办不可的事列出来，并将已经拖延的事立即完成，就会发现虽然牺牲了一两个假日，却使后面的事，都能进入轨道。

尤其重要的是：

别再制造辛苦的假象。当你因为“前面拖”，造成“后面赶”时，请不要唉声叹气！

刘轩的话

治偷懒之道

没错！常有人在工作时做出各种可怜的样子。如果用针孔摄影机偷拍，会发现他其实大部分时间都在偷懒。当他偷懒时，并不会意识到自己偷懒。但当他不得不赶工时，一定会感觉很有压力，因此他喊累的时候，是真的累。

遇到这种状况，最好的办法不是揭穿他的谎言，而是教他保持更积极的工作态度。

第二章

自护

学会防备隐匿的险恶。

刘墉青春修炼手册

小心曝光

过去开车，看到路边要求顺道载一程的人，停车让他上来乃理所当然。但是今天美国有些州已经立法禁止，因为太多歹徒借机抢劫。他们甚至躲在一边，先由年轻女孩拦车，你才开车门，枪口已经抵住你的太阳穴了。

几个朋友，请你教他们的孩子弹钢琴，大概教上瘾了，你突发奇想，打算印些宣传单，到火车站停车场，夹在车子的挡风玻璃上。

“说不定会来一大群人呢！”你兴奋地说。

“我反对！”

“为什么？”你诧异地问，“不是早就要我打工赚钱吗？”

我没有直接答复你，只是举了个例子：

我的学生王威，最近辞掉了餐馆送外卖的工作。那原本是个收入不错的差事，只要骑脚踏车跑几条街，把客人打电话叫的菜送过去，就能得到五六块钱的小费。一天下来，赚的比学校工读生的多好几倍。

他为什么不做了呢？

因为他发现太危险了！好几个送外卖的朋友，当他们找到地址时，发现里面冷冷清清，突然一把尖刀架在脖子上，不但抢走食物、搜光了钱，而且临走几下子，差点要了命。

“我们在亮处，对方在暗处，我们当然没有保障。”王威说。

“你在亮处，别人在暗处。”这就是我反对你发宣传单的原因。从单子上，别人可以知道你是茱莉亚音乐学院的学生，猜出你的年龄和知识背景，再由电话号码，知道你住的地区，你的轮廓已经大概出来了。

而对方呢？

你一无所知！

于是当你应约前往，是不是可能发生类似送外卖的情况？

有时候这情况还更麻烦呢!

记得有一次下大雪，邮差送挂号信，我请他进屋里签字，他犹豫一下，进来了，却笑说幸亏是熟人，否则决不能进屋。因为过去曾经有位年轻的邮差，被女士请进门，接着那女人自己撕破衣服，说:“你是乖乖听我的，还是要我喊强暴?”

临走，邮差挤了挤眼。“这世上无奇不有，小心点好!”他又说，“生人出去，你最好送到门口，自己把门关上，因为有些坏人先来探路，出门时偷偷塞个纸团在锁洞里，看起来门是带上了，其实没真锁住。而他已经摸清屋里的一切，回头来抢来偷，你很难防备!”

时代不同，环境也不一样了。过去开车，看到路边要求顺道载一程的人，停车让他上来乃理所当然。但是今天美国有些州已经立法禁止，因为太多歹徒借机抢劫。他们甚至躲在一边，先由年轻女孩拦车，你才开车门，枪口已经抵住你的太阳穴了。

一位出租车司机说得好:“坐车的人防我们，岂知我们也在防他。深更半夜，如果几个男人拦车，我是不停的!有什么办法呢?我们彼此一无所知啊!”

“知彼知己者，百战不殆。”两千多年前的《孙子兵法》

已经给我们最好的指导。

所以你要打工，可以！但绝对要认清对象，不能先让自己毫无防范地曝光！

刘轩的话

太过敏感

我对这篇有点意见。我的确无法反驳社会上暗藏各种风险的事实，但老爸也未免太敏感了。

如果他说“教陌生人比较冒险，因为你未必能按时拿到学费”，我完全接受。但是他不要我接触陌生人，因为怕我被抢、被占便宜，这我很难苟同。

哪个朋友不是由陌生开始，逐渐熟稔？因为年轻，所以我不怕陌生。因为自认强壮，所以我敢入虎穴。进入社会之后，我经常自己坐飞机，到陌生的环境跟陌生人开会。每一次的经验，都让我成熟一点儿，也让我对自己的应变能力多一些信心。我了解老爸的担忧，但人生的路，还是要自己来走。

五毒聚功散

香港男演员周润发，演活了黑社会的“小马哥”，甚至黑社会的人碰到他，都尊称他一声“老大”。可是周润发并没有参加黑社会呀！

少年时代，我很爱看武侠小说，尤其喜欢主角被仇家一掌击下悬崖，却侥幸不死，反而发现灵芝仙草的情节。

我为什么喜欢“灵芝仙草”？因为它不但能治疗主角的伤，而且可以瞬间增加一甲子的功力。

但我更记得一本书中提到的“五毒聚功散”。这种药能把人全身的精力集中，一次发挥出来。所以即使平常人服下它，也能跟高手一搏。

看清楚哟，只有一搏。一击之后，就精气耗尽，倒地死亡！偏偏许多武林败类，居然骗愚笨的部属，服下这“五毒聚功散”，再派出去当敢死队。

多神的药啊！多狠的武林败类啊！可是你知道吗，本以为是小说瞎编的东西，现下居然真出现了，而且很容易找到，它就是——

毒品！

你不是说吗，有些同学夜里猛看书，一天只睡两三个小时，居然放学之后还有精神去跳舞，是因为吸了“仙丹”！我在台湾地区也听说，有些娱乐场所，为了使在那儿打工的年轻人能加班工作，诱他们服食安非他命，果然精神百倍。

那所谓“仙丹”和“安非他命”是什么？

就是现代的“五毒聚功散”！

那些骗年轻人吸毒、食毒的是什么人？

就是以前的“武林败类”！

你不是亲眼目睹过吸毒的同学，从厕所里兴奋地冲出来，撞倒一群人，又狂奔而去，难以自制的情况吗？

你也看过他们毒瘾发作时，跟在毒贩后面乞讨的可怜相。

然后他们就渐渐变得龌龊、无耻、现实、孤独、苍白、无助、缩小、消失……

当有一天你们在街角重逢，你认不出他们，只怕他们也不敢认你了！

下午，邻居亨利叔叔对我说，他要搬到外州去，而且是自己向公司请调的。

“一定是调升很高的职位吧？”

“不！是降！”

“那么房子一定很漂亮？”

“不！比现在差！”

“那你为什么还要请调？”我不解地问。

“为了儿子！把他跟原来那群坏朋友拉开！”

当我告诉你这个消息时，你笑说早知道了！还说亨利的儿子曾十分得意地拿毒品请你品尝。但令你不解的是，当他弟弟走过来伸手时，他竟狠狠地给了弟弟一拳，说：“你要是敢碰这东西一下，我就宰了你！”

他自己既然扬扬得意，又介绍给你吃，却为什么不准才小他一岁的弟弟碰呢？

吸毒的人就是这么矛盾。他们一方面希望别人也吸，使他们自己不孤独，一方面又知道吸毒的害处，所以决不让自己的亲人尝试。说得明白一点儿：

他们拖人下水，让大家都黑，显得他自己不是独黑；却决不拖亲人下水，心想：我反正无法脱身了！你们不要再陷进来！

所以你要想想，当有人向你推荐“仙丹”，甚至免费请你吸一口、吃一颗时，那人真是你的朋友吗？

不是！他如果真爱你，应该像亨利儿子捶自己弟弟一样，狠狠给你一拳！

或许你会说：“试一下嘛！就一次，也不致上瘾，这叫体验人生！”

听来似乎有理，但你要知道，站在另一角度观察，常比全身投入看得更清楚。

台湾地区有一位女作家，曾为了写舞女的情节，去当舞女，我只知道闻风而去的舞客不少，却未见她有什么作品出来，甚至可以说，她消失了！

相反，香港男演员周润发，演活了黑社会的“小马哥”，甚至黑社会的人碰到他，都尊称他一声“老大”。

可是周润发并没有参加黑社会呀！

同样的道理，当你想要了解那是什么感觉时，又真需要冒生命的危险，亲自去“尝试”吗？

许多朋友在听我说不喝酒时，都笑问：“画家、诗人，不喝酒，怎么能有灵感？”

我则反问他们：“有些人非借酒不能画，不能写，我却不必喝，就能画不完，写不尽，请问谁的功力高？”

对方总是词穷。

于是当别人怂恿你试一下，告诉你那“仙丹”有多灵时，你也就可以这样答了：

“顶天立地，谁要靠毒品撑腰！

眼明心清，谁会被败类欺骗！”

刘轩的话

瘾头最毒

毒品毒不毒，得看你如何使用它。我觉得毒品之所以会产生这么大的社会问题，在于人们自认为比药物聪明。问题是，不管你的自制力多强，使用毒品前后的理智是不同的；毒品给人的兴奋感是超越理智的，毒瘾发作时也是无法讲理的。

很多所谓的“毒品”，最初都是“药品”，例如牙医用“笑气”来止痛、癌症患者用吗啡来减轻剧痛、氯胺酮也是美军经常使用的麻醉剂等。不过，任何药品开始被滥用，就成了毒品。

我觉得影响人类最大的三种“药”(drug)，分别是咖啡因、尼古丁和酒精。它们虽然合法，但是如果一个人依赖它们，它们就成了那人的毒品。我老爸虽然不抽烟、不喝酒，但是他每天喝六杯咖啡，连上床睡觉前还要喝一杯，说为了做梦有精神。那不也成了他的毒品吗？

世纪之病

能防的总要尽力啊！因此我不再准你去那号称“艾滋病大本营”的艺术村理发，尽管那里剪得最新、最好。我也宁愿花钱为你买新的刮胡刀。甚至如果有一天，在你口袋发现安全套，我非但不会生气，反而可能暗自庆幸。

一大早，你就来敲我的房门，说你的电动刮胡刀不见了，今天晚上有舞会，想借我的用一下。

“不！”我说，“我的原则是决不向人借刮胡刀，也决不借给别人！”

“那是借给你儿子啊！”你尖声叫了起来，“难道以为我有 AIDS（艾滋病）？”

“我相信你没有，但你怎知我有没有？你和我又是否可能在看牙、输血、动手术时感染艾滋病？就算我们都没有这种机会，你母亲会不会在牙周病动手术时感染？”我说，“我更要问，你既然向我借刮胡刀，你会不会也向同学借，或借给同学？同学和他的异性朋友及家人，又可不可能感染？他们向你借刮胡刀，是不是也可能向别人借？”最后我强调，“这一串串推下去，谁是保险的呢？”

“没有人保险！”你一摊手。

“有，自己最保险！自己坚守的原则最保险，它使你的危险降到最低！”我掏出钱，“去买一把新的！钱不要省，命最重要，尤其不可死得不明不白！”

看你走出家门，我松了口气，庆幸能有这么一个机会，告诉你防范艾滋病，否则你真可能临时跑去向同学借，悲剧也就可能这样发生。

请不要认为我危言耸听！

当你看看报上登的数字，就知道了。艾滋病患者居然成等比级数地增加。他们不再都是同性恋的患者，连老老实实的家庭主妇，循规蹈矩的医生护士，甚至初生的婴儿，都可能突然发现被感染了。

不是有个女医生控诉医院处理垃圾不当，使她被艾滋病患者用过的针头戳伤，造成感染吗？这案子当时拖了好几年，那个女医生也一天天地憔悴，显然濒临跟死神见面的日子，就算她得到上亿美金的赔偿，又有什么用！

医学院熬毕业，才三十岁的青春年华啊！只为一根小小的针头，竟然要早早离开人世。

相信你也看到过电视报道：

纽约警察局到城市死角发放“注射针筒”，又到监狱发安全套。

这是多大的讽刺啊！明明知道那些人注射毒品，或有同性恋，非但不去制止，反而消极地送针筒和安全套，这是什么哲学？

这是人道哲学！

一方面防范、禁止，一方面帮助他们。使他们不要因为买不起针筒，而大家共用一支；或在忍不住的情况下发生同性性行为，造成感染。

看到电视中播出，瘦成皮包骨的艾滋病患者，真是令人同情。他们哪个甘心被感染呢？当他们共用针头、不戴安全套发生性行为时，是否也如同你急着借刮胡刀一样，心里想：不会这么巧吧？怎么可能碰上我？

问题是，由于人与人的关系是网状的，每个人都不只单方面地接触，所以“巧”就很容易发生了。如同你开车不去撞人，却难保别人不撞你。而且艾滋病的撞车，绝对是连环车祸！

拿着小刀，戳自己一下，再去戳别人的变态艾滋病患者，已经在街头出现。

牙医自己带菌，在治疗时伤手流血，将病毒传给就诊者的案子，也已经出现。

由于血液筛检疏失，在输血时被感染的例子，更是层出不穷。

这些都难防！碰上没话说。但是能防的总要尽力啊！因此我不再准你去那号称“艾滋病大本营”的艺术村理发，尽管那里剪得最新、最好。

我也宁愿花钱为你买新的刮胡刀。

甚至如果有一天，在你口袋发现安全套，我非但不会生气，反而可能暗自庆幸，毕竟你已十八岁了啊！

如果你要耍新派，走前卫，可以！

你也就要有新理念、新作风、新原则！

而且坚持到底，保护自己！

刘轩的话

关于艾滋病

共用刮胡刀有可能感染艾滋病，但那概率应是极低的。当今大家对艾滋病多少有些认识，但在艾滋病刚出现在媒体上的时候，大家都还一知半解。

选择牺牲

据说第二次世界大战时，日本神风特攻队自杀飞机的驾驶员在出发前，先去检视自己的衣冠冢，然后登上塞满炸药的飞机，他们是为日本军国主义的侵略者卖命！

台湾地区上演过一部叫作《异域》的电影，是根据柏杨的小说拍成，这本书我在初中就看过，但细节全忘了，只有一个把人头挂在高杆顶端的画面，印象十分深刻。

我没有去看电影《异域》，但又买了一本书，晚上临睡时翻几页，每次读到一个段落，把书放回床头柜，都觉得手上好沉好沉，心里也有一种莫名的沮丧。《异域》对于我，成为“抑郁”的代名词！

但我还是把它看完了，甚至读完之后，仍然随时拿起来翻翻，翻到哪页，就从哪里读起，奇怪的是，每次都有不同的感动。

那书是描写国民党军队退入中缅边界的史实，文笔并不精致，但话说回来，战争何需精致！我常说：没有比面对面战斗更真实的人生！战争使人面对生命、面对死亡，更面对生死的抉择——

投降，还是战死？

苟存，抑或牺牲？在《异域》那本书里再三提出这个问题，也表现了作者的愤懑。我记得最清楚的情节是，从死亡边缘捡回半条命的残部没有栖身之所；那些在战争中途开溜的长官，却建起了豪宅。令人感动的是，书中的主角虽然可以退享荣华，却毅然决然地走回异域。使人想起歌德的那句名言：

> 我有敢于入世的胆量，下界的苦乐，我要一概承担！

早上，收到你母亲的信，里面有一段话，居然正是我读《异域》的感触：

> 当你要为某种理想牺牲的时候，不要只憧憬那份理想，也要衡量一下，对怂恿你去牺牲的人，值不值得为他那么做？他有没有给你应有的支援？抑或只想利用你的一腔热血？

她在信尾强调：为理想牺牲的机会太多了，人的生命有限，你要选择牺牲！

可不是嘛！我们一生有许多需要牺牲的机会。从小处看，牺牲睡眠、牺牲娱乐、牺牲利润……每天走在路上，看到商店最常用的词，就是“牺牲”。

但是往大处看，牺牲也可能是“牺牲自由”“牺牲家庭”“牺牲生命”。

据说第二次世界大战时，日本神风特攻队自杀飞机的驾驶员在出发前，先去检视自己的衣冠冢，然后登上塞满炸药的飞机，他们是为日本军国主义的侵略者卖命！落得个尸骨无存！

我以前看过一部叫《楚留香》的武侠电影，其中有个情节始终难忘。

负伤的帮主逃进仆人家的井底密室，仆人驾着帮主的马车冲下悬崖自杀，使敌人相信帮主也随之身亡。最可悲的是，那仆人在牺牲之前居然下了毒，不是毒他自己，而是毒死他的妻子和两个小孩，以免家人泄露帮主的行踪。

看那母亲拥着两个幼子死亡的画面，看到自杀飞机驾驶员到坟前给自己上香的纪录片，我不禁想：

这牺牲值不值得？

我知道最起码在牺牲者的心里，认为“值！”

问题是，冷静思考之后，许多牺牲，并不一定有价值。

高中时，当我已经获得台北市演讲比赛冠军，又得到全省第一名之后，有一天学校突然又要我临时参加比赛。当时你祖母说：“已经有了那样的荣誉，就应该好好保护着，不能勉强出战！”

可是学校说，拖了很久，找不到适当的人，所以非请我出马不可，要我勉强为学校出赛！

我出赛了，仓促成军地出发，结果是：

惨败归来！

当时怂恿我出赛，把我捧上天，说“你是天才，没问题”的那些主任、组长怎么回应？

他们只耸耸肩，笑笑：“想不到！想不到！”

他们真正没想到的，是那失败对我心灵造成的伤害！

我看过一则新闻，一个高中女生为热恋的男朋友跟父母闹翻，离家出走，既牺牲了学业，又牺牲了家庭，她以为能建立另一个美满的家，没想到男孩嗜酒又嗜赌，到后来竟把她卖了！

这是一个普通得不能再普通的新闻，据说到风化区常可以听到这种为“爱人”牺牲的故事。

我没去过风化区，却听过一位黑道人物说：“碰到老仇家上门，我根本不在乎！但是只要见到不满十八岁的小孩来寻衅，我就立刻逃。因为他们未成年，杀人大不了送去感化，所以常被老家伙们利用来当杀手。少年人血气旺，被捧一捧、激一激，提枪冲锋，打死了，还自以为是英雄呢！”

你不是也说过吗？

“学校里高年级的坏蛋，常怂恿低年级的去传递毒品，然后给予奖励，表示‘小哥们儿够格’。那些低年级学生居然还沾沾自喜，得意地大摇大摆！直到被抓，还以为这种牺牲可以提升自己在哥们儿间的地位。”

前面那些纯情的女孩子、为老大卖命的少年杀手和传递毒品的低年级学生，不都笨得可笑吗？他们是牺牲了，只是为不值得的人做了牺牲！到有一天，真能为国家、民族，或崇高的理想牺牲时，反而没了机会。

自杀获救的人，日后总能找到一片光明的天地，这时候让他们回想当年自杀的行为，都有愚不可及、悔不当初的感觉。所幸他们获了救，还能悔！如果没获救，怎么办？

假使有一天，你面临牺牲与否的重大抉择，希望你能好好想想：

你牺牲的对象值不值？

你牺牲之后可不可能后悔？

你牺牲完，还能不能再牺牲？

抑或已经一无代价地彻底牺牲掉了？

刘轩的话

牺牲的光环

“牺牲”是个沉重的课题。有的人选择牺牲，在别人眼里，很可能会觉得不值。就像示威游行时，有时会发生自焚事件。医生都说，火烧皮肤的感觉，应该是最极度的痛苦，这种牺牲值得吗？

牺牲何曾值得？牺牲又何曾不值得？当一生中没有事值得牺牲，人生还有意义吗？但如果我们牺牲了一切，却改变不了什么，那又何必牺牲？到现在，我自己还是无法回答这个问题。

球过街！人不过街！

最近看到一篇研究报告，据统计，那些在幼儿园里能看到东西不急着吃，而宁愿多等一下，以获得更好食物的幼儿，在高中的成绩普遍比较高。

晚上我们在院子里打球，不小心让球滚下了山坡，你一路追，一路拦，眼看球滚过大马路，所幸你没有跟着冲过去，因为一辆车正在夜色中疾驰而过。

你记得当球滚向路边时，我在后面喊什么吗？我喊：

“球过街！人不过街！”

小时候，你爷爷就常这样告诫我。所以每当我碰到球滚过街的情况，心里都会念着那句话，停住脚步，往街两边看清楚了，才过去捡。当然虽说“人不过街”，其实人也过了街，只是没有毫不考虑地冲过去。

后来上初中时，有一次离车站不远，突然看见车子，拼命追赶之下，不知怎的摔了一大跤，手掌膝盖全磨得流血，你奶奶责备说:“你爸爸生前不是告诉你吗？‘球过街！人不过街！’”

于是那球变成了车子！三十年来，这句话常在我心里出现。父亲说的“球”，也被代换成护照、手表、钢笔、金钱和最珍视的作品……

当我在桥上写生时，作品被吹到了桥边；当我登山时，背包滚向悬崖。许多次，明明只要扑过去，就可以把东西抓住，我却采取冷静保守的态度，像是早年站在街边的孩子，眼看自己心爱的球滚过马路。

你或许会非常惊讶，看来强悍而充满活力的父亲，居然也有那么懦弱的一面。但你何不想想，正因为我总顾全大局，所以能经历许多险境，仍然留得青山在。

当我服役时，有一位排长，身材魁梧、斗志高昂，每次要训人，只要往前一站，不用开口，就有慑人的威力。

记得有一回训练匍匐前进，这位排长只要看到有人的脚跟嫌高，就过去狠狠一脚。

“要是真打仗，你的脚跟早被机枪打烂了！”

接着他自己做了个示范，那么大的一个人，那么大的一只脚，竟像是薄薄的一片，贴在地上。

“要现！别在这时候现，否则就没得‘现’了！”他吼道，“只知斗狠、耍性格的人，容易断！”

前年，我跟你奶奶回大陆时，听说许多早年身世显赫的亲戚，都已经死了。几位熬过来的长辈感叹说：

“我们能熬过来，是因为不去想以前的光荣。如果失去了生命，还能等到今天吗？更不用说以前的光荣了。”

最后让我再讲一个有趣的事吧！我最近看到一篇研究报告，据统计，那些在幼儿园里能看到东西不急着吃，而宁愿多等一下，以获得更好食物的幼儿，在高中的成绩普遍比较高。如果食物是滚过街的球，那懂得等、想得远的孩子，不就是站在街边冷静观察的吗？

“球过街！人不过街！”

从你爷爷那里学到的这句话，我现在送给你，希望你一生受用。

刘轩的话

咕噜的启示

记得有一次度假，我跟朋友在海里玩球，突然有一球越过我的头，随海浪愈漂愈远。我跟着它游过去，但当时浪很大，我也随着愈游愈远，突然觉得不对劲，便转头游回。朋友说：“你都快拿到它了！”但我心里只想：球过街，人不过街。

真正受用的，是这个观念更抽象的延伸。当我们追求理想时，最容易忽略身边的事物，甚至可能忘了根本、走火入魔。这么说好了，其实有点像上篇文章的道理，我们必须知道何时该停，更不能忽略身边暗藏的危机。别像《指环王》里的咕噜，最后为了追它的“宝贝”，跳进了火山的岩浆里。

少看一眼

你斜着眼看，如果感觉上是鄙视，他当然要打你；你偷偷看，如果感觉很怯懦，他则可能借机会欺侮你；至于正眼看他，感觉无所畏惧，他也可能认为你多管闲事。

有一天下午，我的秘书差点被人打瞎了眼睛，送医院途中，她的左眼已经完全看不见了，鲜血从长达五厘米的伤口不断涌出。我无法为她止血，因为那伤口就在眼睛与眉毛之间，深达半厘米如同被刀切开的裂口，像是张着吐血的嘴。

医生为她缝合的时候说：“好险哪！算你走运，再低一点点，你的左眼就永远看不见了！”

我跟着赶去派出所，逞凶的人正在接受问话，他的妻子跟在身边。当他们知道伤得那么重时，似乎也有些惊愕，而当我问他为何那么冲动时，他的太太说："他有时候一生气就没办法控制，大概是你的秘书小姐说话激怒了他！"

我又随警察回到医院，秘书在接受询问时，说他们双方都骑摩托车，只是有个小擦撞，她说了对方两句，居然就被打破了车子后视镜。而当她再斥责对方时，则挨了这狠狠的一拳。

"我看他载了老婆，想他一定不会动粗。"秘书说，"他要是一个人，我就不敢多说了，岂知……"

岂知居然就挨了拳，而且因为眼镜破裂，造成那样大的伤害，虽不致瞎，留下疤痕却难免了！

后来当我对朋友述说这件事时，朋友也讲了他的遭遇——

"某日我开车在南京东路上，横着蹿出一辆摩托车，吓我一跳，要不是反应快，只怕就撞上了，我斜过脸看了那骑摩托车的一眼。要知道，只是'看一眼'哟！那小子居然转了个弯，追上来，掏出刀子，在我车上狠狠划了两道。"朋友直摸胸口，"真是好险哪！幸亏大白天，否则只怕就不是划在车上，而是脸上了！"

请不要怨台湾地区今天的暴戾之气，这种因为看一眼，就招来杀身之祸的事，古今中外简直太多了。你的小姨丈到纽约第一天乘地铁，不是就因为撞了黑人，又斜斜看对方一眼，而被打裂嘴角，缝了好几针吗？

我更记得小时候，你祖母总是叮嘱我，遇到小流氓，不要看他们，连一眼也不要看。

“你斜着眼看，如果感觉上是鄙视，他当然要打你；你偷偷看，如果感觉很怯懦，他则可能借机会欺侮你；至于正眼看他，感觉无所畏惧，他也可能认为你多管闲事。”你的祖母说，“愈是这种不良分子，愈自卑，也愈敏感，你只当他是不正常的人，何必去逞英雄，吃眼前亏呢！”

至于古时候，这种人也不少啊！羞辱韩信，叫他从胯下爬过的，就是市井小流氓。《史记·荆轲传》更记载有个叫秦舞阳的年轻人“年十三，杀人，人不敢忤视”。

什么是“忤视”？

只要秦舞阳觉得你的眼神“不顺眼”，就算“忤视”！这与现在的流氓不是一样吗？

但往下想，韩信成为历史上的名将，秦舞阳却成了历史上的“名丑”。当他走进秦始皇的宫殿时，竟然吓得脸色大变，浑身发抖。如此说来，逞一时口舌之快，意气之勇，有什么好处，又算哪门子英雄！

遇到不讲理的人，除非你有绝对强过他的实力，或拥有正义的群众做后盾，否则就忍一下吧！

“山不转，路转！”山多么强，还是被人征服了，因为人们知道怎么让路转过去。

“山不转，路转！”今天你忍辱吃了亏，只要抓住正义的力量，总有再碰上他的一天！

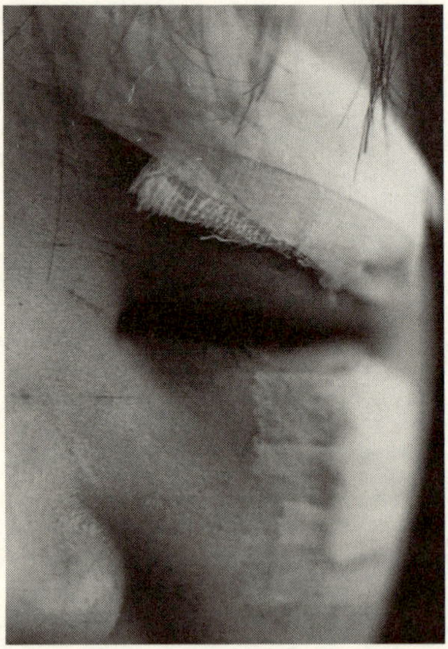

不经意的一眼，却可能带来残酷的后遗症。

刘轩的话

一眼之间

“一眼之间”潜藏了太多可探讨的东西。在纽约时，我有过一次难忘的经验。

某天我穿了一件式样流行的夹克坐在公车上，同车有一群看起来挺“冲”的黑人。其中一个少年伸手摸了一下我的夹克，一副想知道材质的模样。当时的我心里害怕，刻意不正视他。没想到他们下车时，那个家伙二话不说就砰地给了我脸上一拳。

我后来在心理学课上学到，直视一个人与否，有种族与文化的差异。例如美国黑人若尊敬你，会直视着你，但拉丁美洲的青少年却正好相反。所以究竟该看，还是不该看呢？

大多数的社交场合，我认为多看一眼总比少看一眼好。起码当你的眼睛与对方交际，也算是互动的开始。如果随后点头笑一下，可能就消除了对方的敌意。刻意不看，反而会让人家觉得你瞧不起他。

死亡的教训

当我像你这个年岁时，住在一栋小楼里，楼下是一家女子补习班，我下课之后常跟那里的女生聊天。岂知某日有个女生对我说：“你知道某人为什么不见了吗？因为你说话伤了她，她说会记你一辈子！”

凌晨，我突然接到一个老朋友的电话，她用颤抖的声音说：“我的孩子出事了！我需要你帮忙！他骑摩托车载一个女同学，结果被大卡车撞倒，女孩当场就死了，我儿子也受伤入院，晚上要在学校开善后会议，我现在心全乱了，请你出席帮我说几句话。”

晚上七点，我准时赶到学校，会议室里坐满了人。意外的是，当肇事司机走进去，没有疯狂的叫骂与哭喊，反而是一片低气压的沉寂。

死者的父亲，睁着满布血丝的双眼，盯着桌面，缓缓地说："我今天追究责任，有什么用？孩子已经死了！只记得她生前常对我说：'爸爸！如果我将来有了钱，一定要做些善事。'就请表示些诚意，为她做些功德吧！我们为父母的，也会拿出些钱来，做善事，了却我死去的女儿的心愿……"

虽然他已经不想追究肇事的原因，但从死者同学的口中得知，是两校举行联谊郊游，原本包了游览车，因为女孩非常保守，不太能适应坐在她身边的男生，正巧我那朋友的儿子骑了摩托车去，女孩便要求载她回家，岂知遇上大卡车转弯擦撞，当场脑浆迸溅，回天乏术。

"女孩子太保守了，我可以做证！"我的朋友终于忍不住哭了出来，"我儿子在医院对我说，她即使坐摩托车，也不愿抱着我儿子的腰，结果一个紧急闪避，我儿子向右倾，女孩子却倒向了左侧，正好被紧跟在后的大卡车……"

"她即使死了，手还紧紧抓着摩托车后座的皮带！"死者的母亲喃喃自语。

协调会议出人意料地平和地结束了，但我建议学生对整个事件做一番检讨，在男女交友的活动中，怎样避免因为理念不同，造成心灵的伤害，甚至发生悲剧。

走出校门，外面正下着绵绵秋雨，我站在檐下等车，有个前来开会的学生追出来问我：

“同学们都非常伤心，事情发生之后，大家也尽了力，又何必麻烦我们，尤其是友校的同学，一再调查整个事件呢？”

“我只知道你正站在这儿跟我讲话，你的女同学却死了，再也不会回来！”我对他严肃地说，“已经牺牲了宝贵的生命，难道还不能多检讨一下吗？我们不想追究当天游览车上是哪个男生坐在她旁边，或说了什么话，做了怎样的举动，但我们总要避免以后再发生这样的悲剧。”

可不是嘛，每个人都有他自己的生活态度，只要不明显影响到他人，个人的保守或开放，是无所谓对错的！

只是这看来不明显的影响，却可能造成无可弥补的伤害。

当我像你这个年岁时，住在一栋小楼里，楼下是一家女子补习班，我下课之后常跟那里的女生聊天。岂知某日有个女生对我说：“你知道某人为什么不见了吗？因为你说话伤了她，她说会记你一辈子！”

老实说，直到今天，我都想不通讲错了什么话。

但我记得很清楚的，是大学一年级，有一天我对班上一位女同学才说了半句话，她竟突然站起身，哭着冲了出去。后来我才知道，只为我说她有点“三八”。

在我的字典里，“三八”是天真无邪的形容词，以前常跟朋友用这个字眼，岂知对那位保守的女同学而言，却成为一种侮辱。

那时我真是怔住了，才发觉原来每件事，在不同人的心中，有着不同的准绳与定义，我们决不能单纯地从自己的角度来想别人。

后来读美术心理学，更了解到，同样的色彩，不同人的感受居然也绝不一样。我看来很强的颜色，你看来可能很淡；你画出来让我觉得夸张的东西，对你来说却可能恰到好处。

人与人相处，是多么不易啊！言者无心，听者有意；动者无心，受者多情。如同那游览车上的男生，可能只是无意的半句话，却造成死亡的悲剧！

我永远记得一位自称“游戏人生”的朋友所说的：

“游戏并不容易，你先要了解游戏规则，也要确定对方跟你遵守同样的规则，否则就可能闯大祸。”

还有我初到美国时，一位中国教授讲的话：

“朋友聚会，你可以扯得昏天黑地，但有几件事最好不要碰——别谈到种族、性别、宗教、党派，否则必定伤情，凡是难以改变的事实，都少碰为妙！”

希望你在每次高谈阔论的时候，都能想到这些原则！

刘轩的话

黑色事件

每天看新闻，都充满了死亡的教训。像是台湾地区有段时间就发生了好几件巴士坠山的意外。我只能说，希望每次的悲剧都能够使社会更加注意隐藏的危机，而改善安全措施。

记得我大一那年，波士顿某校园里就发生了新生饮酒过量而丧命的悲剧。从那年起，校方便严格监督这类活动，以至于后来在迎接新生时，兄弟会与姐妹会都会特别小心。悲剧发生了，我们只能够尽量从其中学习。

小心吃口水，记住！

为你每天系腰带、挂宝剑的人，也是最能从身后给你一剑的人！为你刮胡子的人，也是把刀片放在你咽喉要害处的人！

有一天坐出租车，由于司机疏忽，转错了出口，使我们足足晚了三十分钟到家。

下车时司机直道歉，我说："没关系。"你却怨我："叫他左转，他偏右转，这种人不值得尊重！"

现在听我说两个真实故事。

有一次我去军营找位小学同学，他的职位很低，倒茶、送水、跑腿，仅仅在我找他的半个小时中，就被呼来唤去好几次。

临别，他对我笑笑说：“别看我被欺侮，其实没关系，我早报复回来了。有一次一位坏排长的女朋友来，他对我颐指气使地要派头，叫我冲咖啡、倒茶。岂知道，我在里面吐了多少口水！”

另外，当我在电视公司的时候，有个司机对我说：“某长官非常风流，跟女明星纠缠不清！”

原来那长官对他的司机非常刻薄，而司机又是对他私生活最了解的，许多不利于他的传言，也就从司机的嘴里传出去。而且，因为是近身的人所说，大家都相信！

从以上这两件事，我发现愈是对职位低的人，愈要客气，而且你的地位愈高、名气愈大，愈要尊重地位低的人。

孔子有句名言——“唯女子与小人难养也，近之则不孙，远之则怨。”许多人把这话想成一般的女性及道德卑下的小人，实际上是指家中的婢女和仆人，也就是说与用人最难处。你太亲近，他们会变得没分寸；如果太疏远，他们又要发出怨言。

虽然这两句话是说在有阶级理念的时代，但是其中有个千古不变的道理，就是身份愈低的人，愈因为自卑而容易敏感，连你私下无心说的一句话，都可能触及他们的痛处，更不用讲当众的奚落了！

“不当着人面责备”，应该是与下属相处的第一原则。

记得我有一次跟朋友去吃饭，当鱼送上来的时候，大家一尝，就觉得不对。这时其中一位对众人使了个别动声色的眼色，接着请出餐馆大师傅，很客气地说：

“您的手艺真没话讲！每道菜都好！”又附耳道，“这条鱼您是不是可以端进去再加点辣子，顺便尝尝！”

过了不久，餐馆师傅高高兴兴地把鱼又端了出来，且等在桌边问：“各位客官尝尝现在如何？”

心照不宣，那鱼已换了一条。

这就是婉转说话的例子。正如那位朋友事后所讲：

“如果我们当众喊‘老板！你的鱼不新鲜’，为了面子，只怕他要坚持新鲜到底。何必呢？彼此都受到伤害；而且就算争赢了，只怕下道菜，他也会做得不痛快。”

我们坐车的情况，不也差不多吗？他转错了弯，经我客气地说：“恐怕这个方向不太对！”他便绕路回来，而且没有超收车资，甚至道了歉，我们何不好聚好散？还需要临走再抱怨几句，落得彼此不痛快吗？

在你人生的旅途上，会接触不少职位低下的人，你爬得愈高，这种人愈多。而你的高，正由于这些职位低的人的帮助，他们最能捧你，也最能损你。你对他们一分坏，在他们心中可能要扩大为十分；一分好，在他们口里也可能被夸大为十分。他们会得意而兴奋地说：

“没想到某人那么大的名气、那么高的地位，居然对我这么客气！”

于是你的美名愈传得远了，而且是由最下层传播，人们会想：他对下人尚且这么好，可见是真的亲和！

而在你最危急的时候，真正能帮助你脱身的，更可能是这些人。

记住！

为你每天系腰带、挂宝剑的人，也是最能从身后给你一剑的人！

为你刮胡子的人，也是把刀片放在你咽喉要害处的人！

刘轩的话

平等地看待

我很尊重基层工作者，今天如果没有收垃圾的、清下水道的、修马路的，我们的生活会变得如何呢？若要做些补充，只能说，我老爸提到我们更要尊重职位低的人；我则认为，根本不该视他们为职位低的人，唯有持这样的态度，才是真正尊重他们以及他们的工作。

秀一下

我开始为人打抱不平，到别班去理论，更亲自执法，处罚不够意思的“哥们儿”。我用竹筒和弹簧做成袖箭，用汽水瓶盖剪成飞镖，甚至把家里的水果刀，也放进了书包。

小时候，我很文静，家教又严，所以不要说是跟同学打架，连争吵都极少发生。

但是有一次，我被打得鼻青脸肿回家，而且不是被一个人打，是被一群同学攻击，连女生都踢了我，只因我戴了一顶特别的帽子。

那是你爷爷留下来的，西伯利亚人常戴的那种厚呢帽。

说它特别，倒不是因为戴着它看起来像土匪，而是因为当我把帽子往下一拉，就能将整个脸罩住。

就那么奇怪，当我把帽子拉下，立刻有同学过来挑衅，认为我变成了蒙面的江洋大盗，或飞檐走壁的飞贼，而我居然也一下子觉得神勇无比，似乎能刀枪不入。

于是我在一群同学的包围下，被打得浑身是伤，再也不敢戴那顶帽子。

初中一年级，家里失火，帽子烧了，却引来另一样东西。那是邻居在我们家被烧得精光时，送给我的一条裤子——喇叭裤。

不知邻居是从什么地方弄来那么好看的喇叭裤，穿起来连鞋子都遮在宽大的裤管里，近大腿的地方，则又瘦又窄。

于是小学的帽子事件重演了，当我穿着那条裤子走进校门，立刻引来一片惊异的目光，似乎说："嗬！胆子不小，拽起来了，敢情一场大火没烧死，反倒浴火重生，脱胎换骨变了个人！"

我果然变了个人，不是自己想变，是同学要我变。

我开始为人打抱不平，到别班去理论，更亲自执法，处罚不够意思的“哥们儿”。我用竹筒和弹簧做成袖箭，用汽水瓶盖剪成飞镖，甚至把家里的水果刀，也放进了书包。

直到有一天，自己的腿上挂了彩。

痛定思痛，是什么原因，使我从一个斯文保守的好学生，突然变成小流氓？是我自己？是同学？还是那条喇叭裤？

这么多年了，我一再发现，这世上使我们改变的，常是周遭的人；而周遭人对我们改变态度，常因为我们自己的改变。

一个保守的女明星，偶然穿上袒胸的衣服，记者就说她由纯情走向成熟性感的路线，那女明星也可能真因此改变戏路。

一位男士帮心爱的女友买了辆“拉风”的跑车，接着便发现女友有事没事开车出去兜风，并招蜂引蝶地惹来许多麻烦，两人因此闹翻。

这要怪谁？其实谁也不必怪，因为没有那样的心情，不会追求那样的装扮；既然如此打扮，人们就要以你的扮相来看待你！

这也使我想起多年前，一位亲戚笑指着他邻居的门说：

“那家人正在伤心呢！以前每天都把大门敞开，音响震耳，表示他们新买了彩色电视，没想到昨天不知被谁扔石头，砸了！谁叫他‘爱现’哪！”

听这许多，你应该知道我说故事的原因了吧！你想买件新潮的夹克，并保证不会穿出去惹事，我则认为：

一种东西，可能引来百种心态，造成你的变化，也改变别人的观感。

你不去惹人，别人却可能来找你呀！

刘轩的话

走到哪里去？

年轻人展现自己的独特风格或追赶潮流有什么错？现代社会不断改变，价值观也跟着不同。以前女生穿一条迷你裙就会造成骚动，现在忠孝东路上的女孩们个个比身材，穿着的尺度早已超越纽约街头同年龄层的女生。

年轻有本钱，当然可以尽情秀出自己，但当大家口味愈来愈重时，我们也不禁要问：究竟到什么地步才算是够了？

第三章
情谊

情谊，需要用
不让热情
落入冰水
的敏锐来维护。

刘墉青春修炼手册

雪地上的脚印

淳于意对着自己“爱之深，责之切”的徒弟喊：“你给我滚出去！”那跟在师父身边十几年的徒弟，居然真卷起铺盖扭头就走。

从吃完晚饭，你就一直在打电话，叫一遍不听，叫两遍不听，叫三遍不听，直到我吼：“你要打电话，就出去打！”砰的一声，你居然真冲出门去。

外面正下着大雪，奶奶赶紧跑去看门边的衣柜，唯恐你没披外套；妈妈扒着窗子张望，看你是往哪个方向跑；我则愕然地坐在客厅，想起电影《缇萦》中的一幕：

淳于意对着自己“爱之深，责之切”的徒弟喊：“你给我滚出去！”那跟在师父身边十几年的徒弟，居然真卷起铺盖扭头就走。

我始终记得老演员王引颤抖的声音：“养了他十几年，这么一句话，他就真走了！”

王引演得多好啊！那眼神中的愤怒、茫然与失落，不正是我此刻的心情吗？

儿子！最近我们为你老打电话，已经吵过不知多少次了！电话居然值得你如此伤害和父母的情感吗？

或许是气话，你说完就忘了，但你要知道那会多伤父母的心哪！

记得我们怪你花太多电话费时，你顶嘴的话吗？你说：

“花多少钱，我自己出，可以了吧？”

你还记得妈妈请你帮忙写一封信时，你的抱怨吗？你说：

“噢！我的东西，得自己写；你们的，也要我写！”

于是我想，大概有一天，当你能赚很多钱，再和我们闹别扭时，可能会说：

“这样吧！算算从小到大，我总共花了你们多少钱，吃了多少奶粉，穿了多少衣服，我开张支票，一次付清，两不相欠！”

然后你也可以跟淳于意的徒弟一样卷起铺盖，扬长而去，成为天地间一个真正独立自主的男子汉！不是吗？

过去我读弗洛姆谈爱的论著，说子女的成长，指向与父母的分离，又在分离之后，指向与另一个个体的结合，成为新的家庭。读的当时我没什么感触，但是今天，看着你一步步离我们而去，便开始用弗洛姆的理论安慰自己：

“这是当然的嘛！孩子大了，有他的主见和叛逆性，为的是脱离父母，走向独立！”

问题是，脱离父母就能否定父母的恩情吗？过去十几年来父母付出的爱，竟是能以奶粉和衣服的价值来衡量的吗？你为什么不把自己的生命计算进去？

我在你这般年岁时，也有反叛性，总拿自己跟别人比，怨家境不好，怪家教太严，但是有一天我读到诺贝尔奖得主贝克特（Samuel Beckett）的剧本《结局》（*Endgame*），其中有一段：

> 儿子对父亲吼：“混账！你为什么生下我？”
>
> 父亲：“我不晓得。”
>
> 儿子：“什么？你不晓得什么？”

父亲："不晓得生下的会是你！"

我开始思索其中的意思，了解到子女与父母之间是无法选择的。最重要的是，这层关系永远无法割舍。

所以你可以怨我们遗传近视给你，怨我们用中国理念管教，怨我们不是亿万富豪，甚至怨我们不可理喻！

但是，你无法怨我们是你的父母。

如同，我们决不怨生下你一般。

得到你，我们只有感恩。记得你幼儿时，我们常说幼儿时最可爱，百分之百属于父母，上学之后就不同了。但是到你上小学，我们又说中学以前都还天真无邪。等你上了中学，我们又讲儿子大了，可以当朋友聊天，真有意思！将来离家上大学，就要失去他了！

不过我相信，直到你未来成家，我们还是会说："虽然难得回来一次，但想到他，心都甜！"

这就是爱，就是执着，也就是无怨无悔！

只是，我不知道，随着你的成长，是否也觉得每个阶段父母都有不同的可爱之处呢？还是说愈来愈厌烦，真想把欠父母的还清，再也不受管束？

你放心好了！无论你多大、多伟大、多成功、多失败，我们都会管你，如同我们爱你一般。

当你打完公用电话回来，如果够细心，会发现虽然我们好像都不理睬你地去睡了，门前雪地上却有着你母亲和我的清晰脚印……

刘轩的话

电话里的发泄

讲电话，那么简单的一件事，其实包含了多重意义。

我们跟同年龄好友讲电话所用的语气跟词语：“哇”“真的假的”“Oh, my God”（噢，我的天哪），在长辈的耳朵里听起来不但陌生，也象征他们无法参与的秘密世界。他们只听到我们爆出惊叹跟大笑，看到我们捧着听筒窃窃私语，我相信不管多么开明的家长，心里多少不是滋味：一直在身边照顾得无微不至的孩子，终于有自己的秘密了，家里也愈来愈管不了了。家长们唯一有权利说的就是：“电话不要钱啊？快给我挂上！”

如此这般，通过一个简单的电话，展开了孩子与父母之间的权利拔河。家长们都知道孩子迟早会有自己的生活，远离他们而去。总有一天，他们只能盼望通过电话听到孩子的声音。但也正是因此，这个争执就更加激烈。

事隔多年，我早忘了那天晚上讲电话的内容与过程，只觉得如果我不坚持把话讲完，老爸就赢了。我跑出去，是我的独立宣言，虽然那样伤透了父母的心。现在回想，我确实有点反应过度，但老爸也感受到了我行为背后的信息。这篇文章的每个句子，都透露了他心中的无奈与感伤。

情到深处

一个女孩子在不得不与男朋友别离时，噙着泪对男友说："求你忘了我，不要想我；知道你想我，会令我心碎！"

"家里电话已经安静好几天了，儿子没拨电话给汤玛斯，居然也没接到汤玛斯打来的！"你母亲对我小声说。

其实不用她讲，我早注意到了，尤其是你每天一回家就冲进房间，躺在床上发愣，想必心里有事。

"我去问问他！"我对你母亲说，"希望没在学校惹什么麻烦！"

虽然你母亲说每天少了一个多钟头的电话，这是好事，拦着不让我问，我还是敲了你的房门。

你先别过脸去不吭气，后来经不住我套，终于一股脑儿地讲出来。原来只是为了汤玛斯在你们一群死党闲聊时，讲了一句带有种族歧视的话，你火大地命令他立刻向有黑人血统的妮娜道歉，汤玛斯不愿意，于是闹翻了。你放出话去——“汤玛斯若不向妮娜道歉，我就不再理他。”汤玛斯也放出话来——“道歉？门儿都没有，不理就不理，谁怕谁呀！”

于是你们这过去形影不离的死党，竟成了死敌。

“最火的是，所有的同学不但不调解，还好像在看我和汤玛斯的笑话。瞧瞧我，瞧瞧他，然后窃窃私语，或大声地笑！”你狠狠地捶墙壁。

你现在的心情我绝对了解！因为和自己最要好的朋友发生争执是难免的。

跟好友闹别扭，常比与情人斗气，更来得火大。

情人不高兴，感觉是心碎。老朋友不高兴，感觉是心要爆炸。因为朋友之间要求的是“义”，当对方不义的时候，你会产生“义愤”，那是“愤”！气得令人发疯！

问题是，若没有爱，没有情，也就不会那么心碎与义愤。然而从另一角度想，不正可以验证彼此的情谊吗？

古人常用“割席”来形容朋友绝交。据说管宁和华歆原来是好朋友，有一天两人同席读书，听见外面喧哗，华歆立刻跑出去看，等他回座时，发现管宁已经把席子割成了两半，并对华歆说：“你不再是我的朋友！”

请问，管宁和华歆原来真算是朋友吗？

“不算！”

你答对了！为这么一点儿小事就绝交，怎能称得上朋友？朋友不专心，非但不帮着改变，反而唾弃他，简直连泛泛之交都不如！

谈到这里，我们就不能不佩服鲍叔牙了！打仗的时候，管仲躲在后面，鲍叔牙为他辩解是因为家有老母，而非贪生怕死；做生意时，管仲多吃钱，鲍叔牙谅解他家里穷；而当齐桓公要杀管仲的时候，鲍叔牙更力陈管仲的优点。

管仲成了历史上的伟人，是谁使他成功的？

是鲍叔牙啊！朋友之间，最重要的是谅解，是将心比心，而不是拿自己的付出来要求对方回报。

一个女孩子在不得不与男朋友别离时，噙着泪对男友说：“求你忘了我，不要想我；知道你想我，会令我心碎！”

一个男孩子在女朋友闹气甩头离开之后，明明是女方不对，却四处寻找。“我怕她气消之后，心里不安，或虽然懊悔，又碍于小姐面子，不好意思回头，所以还是我先向她道歉吧！”

听了这些故事，你怎么想？你跟汤玛斯是“管鲍之交”，还是“管华之交”？

切记！这世上没有永无争执的朋友，却有愈摩擦愈光灿的友情。真正朋友的争执，不见得非要错的那方先伸手。

当对的一方，先伸出友情的手，错的一方将握得更紧。有珍惜，更有感激！

刘轩的话

给个台阶

这篇出版之后，引起了很大的反响。有许多读者写信来，不是给老爸，而是给我。这些读者都刚经过类似的事情，因为跟好朋友吵架，心里无法平衡，而想对我倾诉。

跟死党翻脸的感觉，比跟情侣分手还要痛。而且意气之争，不是说和好就没事了，那种伤疤，有时候一辈子也忘不了。

我很难给来信的读者任何建议，因为说实话，每场争执都有它自己复杂的因果关系。我只能分享我的经验："不要在气头上谈判。让时间沉淀情绪，再开始进行弥补。"有时只是小小的误会，但为了面子往往更难和解。此时，可以找个共同喜爱的主题开始聊，让彼此发现并不处处相左，再慢慢磨合。如果最后发现缘分已尽，起码双方还可以像君子一样，在彼此尊重之下逐渐疏远。

爱你，不是害你！

他半声不吭，用大拇指指甲，在小便池，由下向上刮，居然刮下一层垢，然后往我嘴里一捅。天哪！我想到就要吐！

我刚来美国的时候，在弗吉尼亚遇见一位中国厨师。他是由医院请假出来的，左手腕仍缠着厚厚的绷带，很客气地对我说：

“听说您代表中国台湾出来做文化工作，按说应该做几道好菜请您品尝，偏偏手受了伤，医生说以后很难拿重的东西了！”

我问他受伤的原因，他说都怪自己不注意，常用一只手端很重的炒菜锅，长时间下来，手腕关节变了形。

当我为他叹息时，他苦笑说，比起另一个中国留学生还好。那个学生到他餐馆打工，他叫学生去端炉上的一个锅子，话还没说完，学生便冲过去把锅端起来，这时才惊觉那锅里竟是滚烫的油，要松手，油必然泼在身上，咬着牙慢慢将锅放下，双手已经被严重灼伤，而且伤到筋骨，几乎废了。

“怎么连热油锅表面不冒热气都不知道？”厨师叹气，“在家里娇生惯养坏了！像是笼里的鸟，放出去自己没办法生活。可是来美国留学，谁能不打工呢？结果什么都不懂，出事的不止他一个啊！父母在家里不教他们做，岂不是害了子女吗？”

后来为我们装修的老板也说，曾有个留学生到他那里打工，他叫学生去抬石膏板，学生歪着身子一次硬抬两块，岂知因为使力的方法不对，半边脊椎受到过大的压力，没多久就软骨突出，无法再干重活。于是改叫他铺地砖，却又铺不久，便旧伤复发，站都站不起来，只好把他辞了。

“据说这毛病会跟他一辈子！”老板说，“怪得了谁呢？人家一次抬四块都成，重要的是用力的方法要对，只怪他以前什么重活都没做过，所以连筋肉该怎么用都不懂，一定是家里宠坏了！”

“父母在家里不教他做！”“一定是家里宠坏了！”他们责怪的都是受伤者的父母，使我不得不检讨对你的教育方法。这也使我想起多年前，一件有意思的事。

那时候我们住在一个大杂院里，左邻右舍只是一板相隔，某日右邻夫妻吵架，丈夫吼道：“这是什么菜嘛！怎么连盐都不会放？再不改进，我就跟你离婚！”

这时候便听见左边那家的父亲，对着自己正在念高中的女儿说：“学着点吧！要不然老公都保不住！”

那位父亲当时的心情，是不是正如同我此刻的感觉呢？我们对你说“好好念书，家里的事不用你操心”，却可能忽略了一件事——有一天，你也得完全照顾自己，那可能会随着你到大学住校而突然发生。于是前一天还不知道洗碗清洁剂的瓶子怎么开，第二天却连床单都得自己洗，岂不是突然掉入另一个世界而难以适应吗？

最严重的是，你也要出去打工！如果在家什么重活都没做过，锅铲也没碰过，是否会发生我前面说的那种悲剧呢？

于是我不免要反省：“爱你，是否反而害了你？”

记得一位家境富裕的高中同学，在服兵役时对我说：

“天哪！我吃过尿！而且是那种结成黄色垢的尿，你能信吗？有一天长官叫我去刷厕所，这种事我从来没碰过，但我还是捏着鼻子刷了。哪知道，长官去检查，他半声不吭，用大拇指指甲，在小便池，由下向上刮，居然刮下一层垢，然后往我嘴里一捅。天哪！我想到就要吐！”

但是他说只怪他自己真不会刷厕所，否则也不会受这种侮辱了！如此说来，假使我要求，从现在开始家里的浴室、抽水马桶，全由你负责刷洗，能算过分吗？

为了你的未来，为了你的安全，我们不能再一直把谷子送到你的嘴边，除非我们永远把你像鸟一样关在笼里。

你当然不希望被关，你当然想飞！

那么，请你学习飞翔、学习觅食、学习工作、学习受苦的日子！

以前是作者担心刘轩，随着小帆的逐渐长大，轮到刘轩担心妹妹了。本照片摄于2007年6月小帆的高中毕业典礼。

刘轩的话

轮到我担心了……

无论你是“书本聪明”（book smart）或“街头聪明”（street smart）的人，愈能够从经验中学习，愈能够举一反三，就愈能够应付新的挑战。我认为生活上的教训与历练就像长水痘，早发早好。到了二十来岁，大家会期待你已经有基本的社会常识，不该再犯小孩子会犯的错误了，也相对地会用比较严苛的标准对待你。

写这篇文章时，我老爸似乎很怕我步入社会还懵懵懂懂，怕我遭遇困扰，也怕我太脆弱。现在我已经长大，轮到他担心我妹妹了。妹妹的成长环境更单纯，就读的高中离家只有几分钟路程。有一天她因为申请大学而需要到纽约市面试，我带她进城，在定点把她丢下来，再约好在某处会合。老实说，我等她时，心里也挺焦急，因为她从来不曾自己在曼哈顿行走。但转念又想：如果她十八岁还不敢在城里跑，那几岁才敢？后来我知道妹妹在纽约市上大学，很开心，感觉类似老爸当年看我上高中一样。我希望以后，她可以从一个“书本聪明”的小公主，变成一个充满“街头智慧”的纽约客！

再看他一次！

他没有说话，只是缓缓转过脸来。我顿时震惊了！摄影记者也不自觉地放下肩上的摄影机，因为我们看到的，是一个扭曲的肉块，和上面小小的眼洞。

“半边身体都用布包着，好可怜！看起来像个木乃伊，恐怕得在医院躺三个月！”你从医院探视被烫伤的同学回来，满脸同情地对我说。

但是当我今天问你“有没有去探望你那受伤的同学”时，你先一怔，然后疑惑地说：

“他刚出事的时候，我不是看过他了吗？你知道的啊！”

那么让我说个故事给你听吧！

当我做电视记者时，曾去医院采访一位被火严重灼伤的人。他已经在医院躺了半年，连续做过多次植皮手术。刚进病房的时候，我只看到他受伤较轻的半边脸，于是高兴地对他说："不错嘛！你已经差不多康复了！"

他没有说话，只是缓缓转过脸来。我顿时震惊了！摄影记者也不自觉地放下肩上的摄影机，因为我们看到的，是一个扭曲的肉块，和上面小小的眼洞。

那天我没有做任何访问，但他说的几句话，却烙在我的心上：

"毁容的人，常比癌症患者更可怜。后者面对的是死亡，前者面对的是生命、是人群！"他的意思是说被毁容的人，需要更大的勇气来面对以后的人生，和大家奇异的眼光。

他对我说：

"金钱对我并不重要，重要的是友情。帮助我、告诉我：你们在以后还会接纳像我这样一个可怕的人……"从他那小黑洞似的眼睛中，我看到了闪亮的泪水。我低声问："有没有很多朋友来看你呢？"

"……起初有，现在就很少了！一般朋友听说，总会来看看，但是只有真正的朋友，会来第二次。第一次是人情，不得不来；第二次才是友情，是真正关心。”他叹口气，“只是友情太少了！”

听了这段真实故事，你该了解我为什么明明知道你去过，还要再问一次！

疾风知劲草，板荡识诚臣，患难见真交！我们愈是在困苦的时刻，愈需要朋友，也愈会记得朋友的帮助。

你知道我到今天最深深感谢的人之一，是你的四姨婆吗？因为当我高中动盲肠手术的时候，你祖母被挡在门外，四姨婆是护士，所以获准进入。那次手术原以为半个小时就能完成，却因为盲肠粘住了腹腔，足足动了两个钟头，后来不得不加打麻药。半身麻醉的我，幸亏有她从头到尾拉着我的手、安慰我，甚至善意地欺骗我：“看！马上就好了！”

所以她如果需要我，我会毫不犹豫地为她赴汤蹈火。

为什么？因为她在我最无助的时候，向我伸出援手！

记得有位政界的朋友对我说：“知道吗，如果你动手术切前列腺，门外的访客会排队排到电梯口。可是如果你肺癌开刀，门外也会排到电梯口，但不是访客，是花篮！”

跟着，他说：“可是我就抓住人们现实的这一点，表现得不现实！我专去看那些已经失势或重病的长官。结果当他们有一天东山再起的时候，对我最刮目相看！所以朋友不在于平常多么热乎，而是在最需要的时候，是否能及时出现！”

可不是嘛！我有一位在电视台工作的高中同学，突然患重病，虽然跟他几年难得见面，但当我知道之后，还是在返美前的一片忙乱之中，到医院去看他两次，并从纽约打了几通电话，寄些医学资料给他。

不久之后，接到他送来的传真，说已经动完手术，一切顺利……

而那竟是在他经过开颅大手术，刚刚清醒之后躺在床上亲笔写的信。

我真感动得落下泪来，一方面庆幸这位高中老友胜利归来，一方面激动于这份情谊。

真正的朋友，是你想去探望他，一次！两次！三次！当他需要你的时候，你就出现！

真正的朋友，是在死难归来之后，立刻就想到你的人。

刘轩的话

非关世故

有个外国朋友出了车祸，因为他的家人不在身边，我便去医院探望，发现还有许多其他人去看他。有一个台湾地区同事还好心送了“蚬精”和一罐黑黑的中药。我这个老外朋友也很捧场，在大家面前把它咕噜咕噜全喝了，赢得一阵喝彩。

后来，他给每个去探病的人都分别写了封邮件，谢谢我们的关心。虽然大部分的人只有去看他一次，他还是很感激。

的确，除非深交，很少人会去探望第二次、第三次。探几次病也要看交情。这么说似乎显得世故，但每个人都忙碌，能探望多少朋友呢？所以我特别欣赏这个朋友的气度。他不但了解这一点，也珍惜能去看他的朋友，即使只有一次。

思念总在分手后

小时候，我有一天下午在门口玩沙，你奶奶苍白着脸下三轮车，我九岁的心灵突然感到说不出的恐惧，那感觉没有错——你爷爷病逝了。我由一个天之骄子，顿时成了无助的单亲孩子。

我到曼哈顿参观博物馆，晚上八点多回家，才进门，你祖母就跑来告状：

“孙子跟我发脾气，现在还不出来吃饭！”

我转身就冲向你的房间，却听见她在后面喊：“别骂他，他被吓到了！”

你果然坐在椅子上，仰着脸，盯着天花板，气呼呼的样子。还没等我开口，你倒先叫了起来："爸爸！你说我气不气？今天下大雪，妈妈讲好到地铁车站接我，可是我等了半个多钟头，都不见车影，打电话去她办公室，说离开很久了。又打到你办公室，没人接，我不知道你去博物馆。再打电话回家，响了几十声，也没人接。隔了半个钟头打，还是一样！"你又气又委屈地喊："你说我着不着急？我在骑楼下都快冻僵了，只好自己坐公交车回来。我急死了，一路上猜：是不是奶奶不舒服进医院，所以你们全跟了去？还是妈妈的车子在雪地里打滑出了事？会不会受了重伤，所以奶奶也赶去了？我想了好多好多，甚至比这个更糟，更可怕的！"你突然指着站在房门口偷看的奶奶大叫："奶奶还笑呢！我下车，冒着雪，飞跑着冲进门，气都喘不上来，心都要跳出来了，奶奶居然笑嘻嘻地坐在客厅看电视呢！还问我饿不饿，我都急死了！哪里还饿！""你明知道我耳朵不好，电视声音又大，怎么听得见电话？"奶奶走进来笑，"你妈车子开到一半坏了，幸亏有警员帮她忙，才回得了家，你又有什么人好怪呢！"

"我当然没人好怪！"你两手狠狠一甩，"只怪我自己大惊小怪，好了吧！"

虽然你一连串的表现都不够礼貌，我却没有骂你，转身带你祖母离开，且忍俊不禁地偷偷对你母亲说："棒极了！这小子被吓到了！"

确实棒极了！相信这会是你一生难忘的经验！如果是我，我也会生气！但你能够否认当你看到奶奶好端端地在家，接着又见妈妈开车进门时，有一种特殊的欣喜，与紧张后突然放松的那种大病初愈的感觉吗？

我非常能谅解你！因为我比你更常有这样的经验。

小时候，我有一天下午在门口玩沙，你奶奶苍白着脸下三轮车，我九岁的心灵突然感到说不出的恐惧，那感觉没有错——你爷爷病逝了。

我由一个天之骄子，顿时成了无助的单亲孩子。

十三岁的一天晚上，你的舅爷叫我去拿扑克牌，他则蹲在地上为暖炉灌油。突然几声巨响，我从一片红色的火焰中冲到院子，回头只见火苗已经蹿出了屋顶。一瞬间，我又从一个大宅院的小主人，成为无檐蔽体的孩子。大家庭一下子散了，只剩我和你奶奶，在废墟上搭个草顶的木屋。

厄运一个跟着一个袭来。直到今天，每当我回家，远远看见我们的房子时，心里都会好兴奋、好庆幸地说：

“多好啊！家还在！”

我也常想起以前电视台一位同事说的故事：

“原来好好的日子，突然说要逃难，日本人就已经打到了城外，我那小脚的祖母拉着我，整夜地跑，居然跑了十几里路，一群人在溪边用手捧水喝，其中有对夫妻在我们的身边，当那丈夫喝完水才抬起头，随即倒了下去，跟着他的太太发出尖叫，突然又狂笑地发了疯。原来一片远远飞来的弹壳，已经削去了她丈夫的半边脸！”

我常想起他说的画面，想那发了疯的妇人，以及裹着小脚，却连夜拉着孙子赶十几里路的老奶奶……

这就是人生！什么福祉是永恒的呢？生与死常在一线之间，有与无也没人能保险。只是生长在福祉中的人，常不知道世间会有不幸这件事，直到有一天他真正地失去！

有一首歌叫作《思念总在分手后》，我觉得很俗却也很真实，当我们在一起时愈不相惜、相守，分手之后就愈会遗憾、思念！

非常高兴你有今天的经验，使你突然有了失去的恐惧。这种恐惧对你会有很多好处，使你有忧患意识、使你惜福、使你感恩，也使你更爱家人，并知道把握现有美好的一切！

刘轩的话

坚强的本领

我的大学好友理查来台湾地区，我们一起出去吃饭，到酒吧聊天。凌晨三点，我从睡梦中被吵醒，是理查的女友打来的，叫我赶快去旅馆看他。理查刚接到消息，他母亲在美国心脏病突发去世了。

走进旅馆，我看到理查双眼呆滞，摇着头说："她走得太年轻了，太年轻了！"他慢慢地站起来，开始拨电话改班机、整理行李、联络事情。我很惊讶他这么冷静，只看他脚步愈来愈快、动作愈来愈明确。他平常几乎每个月都会去看他母亲，万万没想到母亲竟然在他到地球另一边的时候与他永别。我佩服理查的镇定，也想起自己许久不见的母亲。心底的声音突然被唤起，我跑到洗手间拨电话到美国。听到妈妈的声音，我突然鼻子一酸，忍不住哭了出来。

"妈，我好爱你！"我泪眼婆娑地对她说。

"思念总在分手后。"一点儿也没错。那天的经历让我发现，别人的失去，也可以唤起自己的思念。这或许就是我父亲在文章里想表达的意思吧！

别让自己更孤独

我委屈地哭了，别的黑小孩，不但不安慰，反而过来嘲笑我：“不看看自己是什么颜色！”我回家用肥皂不断洗身体，甚至拿刷子刷，希望把自己洗白些，但洗下来的不是黑色，而是红色，是血！

傍晚，站在台北办公大楼的门前，看见一辆公交车驶过，有个黑人正从后排的车窗向外张望，我突然泛起一阵感伤，想起多年前在纽约公车上看到的一幕：

一个黑人妈妈带着不过四五岁的小女儿上车，不用票的孩子自己跑到前排坐下，黑人妈妈丁零当啷地丢下硬币，但是，刚往车里走，就被司机喊住：

“喂！不要走，你少给了一毛钱！”

黑人妈妈走回收费机，低着头数了半天，喃喃地说：“没有错啊！”

“是吗？”司机重新瞄了一眼，挥挥手，“哦！没有少，你可以走了！”

令人惊心的事出现了，当黑人妈妈涨红着脸，走向自己的小女儿时，突然狠狠出手，抽了小女孩一记耳光。

小女孩怔住了，捂住火辣辣的脸颊望着母亲，露出惶恐无知的眼神，终于哇的一声哭了出来。

“滚！滚到最后一排，忘了你是黑人吗？”妈妈厉声地喊，“黑人只配坐后面！”

全车都安静了，每个人，尤其是白人，都觉得那一记耳光，是火辣辣地打在自己的脸上。

当天晚上，我把这个故事说给你母亲听，她却告诉我另一段感人的事。一个黑人学生在入学申请书的自传上写着：“童年记忆中最清楚的，是我第一次去找白人孩子玩耍。我站在他们中间，对着他们笑，他们却好像没看见似的，从我身边跑开。我委屈地哭了，别的黑小孩，不但不安慰，反而过来嘲笑我：‘不看看自己是什么颜色！’我回家用肥皂不断洗身体，甚至拿刷子刷，希望把自己洗白些，但洗下来的不是黑色，是红色，是血！”

多么触目惊心的文字啊！使我几乎觉得那鲜红的血，就在眼前流动，也使我想起《汤姆历险记》那部电影里的一个画面——

黑人小孩受伤了，白人孩子惊讶地说：“天哪！你的血居然也是红的！”

这不是新鲜笑话，因为我们时时在闹这种笑话，我们很自然地把人分成不同等级，昧着良心认为自己高人一等，故意忽略大家都同样是“人”的本质！

有个朋友在淡水找到一栋他心目中最理想的房子，前面对着大片的绿地，后面有山坡，更能远远看到观音山和淡海。但是就在他要签约的前一天，突然改变心意，原因是他知道离那栋房子不远的地方，将要建平民住宅。他愤愤地说：

“你能容忍自己的孩子去跟未来那些平价民宅的孩子们玩耍吗？买两千万元的房子，就要有两千万身价的邻居！”

这也使我想起多年前跟朋友到阿里山旅行，坐火车到嘉义市，再叫出租车上山。车里有四个座位，使我们不得不与一对陌生夫妻共乘。

途中他们认出了我，也就聊了起来，从他们在鞋厂的辛苦工作，谈到我在纽约的种种。

下车后，我的朋友很不高兴地说："为什么跟这些小工说那么多？有失身份！"实在讲，他说这句话正有失他自己的身份！因为不懂得尊重别人的人，正显示了他本身的无知，甚至自卑造成的自大。

我曾见过一位画家在美国画廊示范挥毫，当技惊全场、获得热烈掌声之后，有人举手："请问中国画与日本画有什么关系？"

"日本画全学自中国，但是有骨没肉，毫不含蓄，不值得一看！"

话没完，观众已纷纷离席。

他竟不知道：

"彰显自己，不必否定他人！

你可以不赞同，但不能全盘否定！"

否定别人的人，常不能有很好的人际关系，因为他自己心里有个藩篱，阻挡了别人，也阻碍了自己。

你的小学老师曾对我说："发现低年级的孩子居然就有

种族歧视的时候，不必找他的父母说，因为孩子懂什么？他的歧视多半是从父母那里学来的。只是，我担心这种孩子未来在社会上会变得孤独。”

她跟我说这些话，是因为你被白人孩子歧视，骂你为“清国奴”。你记得我回家怎么安慰你吗？我说：

“如果你发现这个社会不公平，与其抱怨，不如自己努力，去创造一个公平的社会。所以当你发现白人歧视黄种人时，一方面要努力，以自己的能力证实黄种人绝不比白人差，更要尊重其他人种；如果你自己也歧视黑种人、棕种人，又凭什么要白人不歧视你呢？”

正因如此，我对同去阿里山，和那位买淡水别墅的朋友说：

“我们多么有幸，生活在这个没有什么明显种族区别的地方，又何必要在自己的心里划分等级？小小的台湾岛，立在海洋之中，已经够孤独了，不要让自己更孤独啊！”在你即将毕业，进一步跨入社会的前夕，我写这封信给你。希望你有个宽广的胸怀！

刘轩的话

眼界超越国界

提到种族，让我联想到两部电影——《冲击效应》和《火线交错》。它们探讨的共同议题，是人与人沟通上的障碍。每个人各有观点与立场，隔着肤色、隔着文化，突然什么都听不清楚了。

我八岁到美国，父母把我放在全是白人的天主教学校；在纽约上高中时，我的死党像联合国会员；在大学，我四年的室友都是黑人。我觉得自己很幸运，没有一直跟亚洲人待在一起，因此有机会对各种族有进一步的认知，突破对他们的刻板印象。我现在认为这是我成长过程中最大的优势。

爱的消息

我在那女生的床上看到一个玻璃盒子，里面摆了一把又黄又黑的干草……居然是我好久之前分给她的那把小草花……

下午，走进书房的时候，赫然发现四只大虫站在我的桌上，它们一动也不动，却张牙舞爪地好像电影《星球大战》里的怪兽一般，近看原来是四只蝉蜕下来的干壳。

是谁放这许多脏东西在我桌上？我心里想，要喊没喊出来，脑筋一转，不可能是你母亲或你，因为你们没有这种闲工夫；当然更不可能是你妹妹，因为她没有这个胆子。于是我赶紧把到嘴边的话收回去，改口叫道：

“哇！棒极了！多完整的蝉壳啊！”

说着，就见你祖母笑嘻嘻地走来。

“是啊！我以前看你柜子里有一个，知道你搜集，所以在院子里看到，就捡回来给你！”八十四岁的老人家，笑得像小孩一样天真。她岂知道，在台北这固然稀奇，但是在我们的院子里，只要到树干高处，能一下子找几十个呢！

你或许要问我为什么不明讲，但是你可曾想到，那四个平凡的蝉壳里，有老人家的多少爱？当她听到我的赞叹，又是多么高兴！

记得我以前画室的墙上，总挂着几张儿童的涂鸦吗？我为什么挂？因为那是一个学生的小女儿送我的。学生每次来，看见她女儿的画被放在最醒目的位置，都兴奋得不得了。隔几个星期便拿来一幅新的作品，说：

“现在我小孩又进步了，换张新的给老师！”

于是你要笑我假了！但什么是假？什么是真？我觉得这世上最真的莫过于关心。我这样做，是表示我欣赏那孩子的情，也唤起她妈妈的爱；我时时得到新的情爱，提升孩子画画的兴趣，不是比什么都真吗？

相信你一定不记得，当你妹妹刚会走路的时候，有一次在院子里摘了一朵蒲公英给你，你接过来，哼一声就甩了。妹妹又一扭一扭地摘了一朵送给你妈妈，妈妈高兴地喊："好漂亮的小黄花！谢谢！谢谢！"并插在头发上。

请问，从那之后，妹妹还摘过花送你吗？而你母亲却常在不同地方夹着小小的蒲公英。

这世上任何人，不论八九十岁的老人家，或刚学步的幼儿，都有着满满的爱，都会因那付出的爱得到回应而兴奋，也可能因为回应的冷漠而受到伤害。我们更可以说，每个人都在随时接收与传递爱的信息，许多看来无意义的举动，却可能含有很深的意义！

大学时，一次全班出游，有位男同学攀到岩壁上摘了一大把小草花送给女同学。几个月之后，那位男同学对我说：

"我发现自己可能要恋爱了，不是我主动要去爱她，是她使我不得不爱她！"

看我不懂，他继续说：

"前天校庆，女生宿舍开放，我也去参观，你知道我看到了什么感人的画面吗？我在那女生的床上看到一个玻璃盒子，里面摆了一把又黄又黑的干草。我起初很好奇，注意看，才发现居然是我好久之前分给她的那一把小草花……”

后来，他们真恋爱了！

你说，那把小草花，不就是“爱的信息”吗？而人们最容易受到感动的，正是自己的平凡表现获得了对方的关注。因为若没有心、没有爱，谁会去注意别人的小动作呢？

有位政界非常著名的机要秘书，她的学历不高，外文也不强，却成为大家争聘的对象。因为她跟什么人，什么人在政坛就做得顺。

听来确实有点近于迷信，但你知道她最大的长处是什么？她私下对我说：

“从政的人，日理万机，不可能注意别人的琐事。而我在主管每次出去应酬之前，都会提醒他，当天可能遇见哪些人，而那些人于公于私，最近发生了什么事。我甚至为他写个便条，在车上再复习一遍。于是，虽然是久未碰面的朋友，他也能立刻亲切地问候对方的近况。譬如：‘新添的小外孙如何？’‘儿子快结婚了吧？’‘听说尊夫人刚欧游归来！’‘您在某报发表的那篇文章好极了！’于是人人觉得自己被他关心，更惊讶于他的消息之灵、记忆力之强，他当然受大家欢迎，事情也做得顺！”

听了这许多，你觉得他们假吗？其实一点儿也不！只要你有心去注意、去记忆、去表现，就不假！

那是关心！

刚脱壳而出的蝉，停在蝉衣上，蓄力待飞。

刘轩的话

要诗意更要诚意

女生为何总是喜欢收到花？是否因为花会凋零，象征了一瞬即逝的美感与诗意？

我以前有个女朋友，每逢情人节或生日，我必奉上一把花，只因为她说她爱花。热恋时，我看她小心翼翼地把凋零的花倒挂起来制成干燥花，或将花瓣夹在书本里。感情渐渐淡了，我还是照样送花，但有一次去她家，看到瓶里的花已凋谢了大半，水也显然没换。当时心里一寒，才发现她对我也没什么感觉了。

由此我知道：重点不是花，而是心意。爱的消息需要sincerity（真诚）。只有真诚地给，才能希望被真诚地接受。

嗨！你好吗？

我有一个朋友，说钱没钱，说势没势，甚至论才能也一无所长，却成为最受欢迎的人物。有钱的人帮他出钱，有势的人为他效力，有才的人向他献计，使他获得了了不起的成就。

下午，对面邻居的孩子在门口玩。

“原来他们也有两个大孩子！”我转身叫你，“快出去打个招呼，认识认识！”

“我怎么去打招呼？多冒失，又不是很自然地碰到！”你说。

“你可以拿个球，从侧门运球出去，经过他们前面，不是就能喊一声‘嗨’了吗？”

你没有动，直到邻居走进去，错过了跟他们结识的机会。

我知道你不喜欢矫情，但你也要知道人与人相识，除了自然的缘分，更有许多创造的机缘。譬如我们搬到这里，迟早要与他们认识，你只不过早一点儿对他们说声“嗨”罢了，怎能说是造作或矫情？

就算用创造的模式，能结一份缘，也是值得的啊！话说回来，你怎么不想，他们在门口玩球，正是要引你出来，跟你说一声“嗨”呢？

譬如傍晚，你亲眼看见我跟左邻芭克太太在她的后院聊天。我们就这样认识了，彼此留下电话，约好守望相助，大家有个照应。你知道那第一声“嗨”是怎么产生的吗？

我们几乎同时地，隔着树叶向对方打招呼。我相信，我们也是一起有心地走向树叶，为的是与对方结识。否则傍晚的蚊子正多，两个人何必莫名其妙地一起往那里走呢？

我们彼此都隔着好几米的树叶向对方望，然后不约而同地找到恰当的时机，抬起头，露出笑容，喊一声“嗨”。然后，我便弯身穿过树叶，到她的后院，开始了寒暄。

这种彼此心里准备好，伺机而动，并接触眼神的功夫是非常重要的。譬如当你参加酒会或聚餐时，必须随时保持敏锐，回应别人抛来的眼神。正因如此，你经常可以在电影里见到，人们能远隔十几英尺相互敬酒。想想，若不是敏锐，怎么可能注意到那么远？

而那远远会心一笑，不必开口，默默地、高高地举起酒杯，用眼睛表达一份心意的敬酒，最是令人感动！

相反，当你看到一个朋友，直向他使眼色，甚至叫他名字，对方都迟钝而无回应时，那又是多么懊恼的事！我们每个人，不都经历过这种尴尬的场面，或给予过别人这样的感觉吗？

当你的朋友狠狠拍你一下，说“怎么搞的？我跟你打了半天招呼，你都没回应”时，就是因为你不够敏锐，伤了对方的心，使他热情的“嗨”落入冰水之中。

“嗨”是个最普通的字，相错而过的车船上，人们可以彼此喊一声“嗨”便再也不相遇。八竿子打不着的人，可以因为喊一声“嗨”，而从此相识。

“嗨”是你送出的一个友好的信息。没有友好的意思，何必喊“嗨”。而许多成功，就从这一刻开始了！

因为这是“人”的社会！所有的活动、交易、成就，都要从人与人的接触中产生。别人供给你所需，也肯定你的贡献，甚至你存在的价值，都建筑在人们的回应上。

所以你认识的人愈多，公共关系愈好，就愈容易成功！

我有一个朋友，说钱没钱，说势没势，甚至论才能也一无所长，却成为最受欢迎的人物。有钱的人帮他出钱，有势的人为他效力，有才的人向他献计，使他获得了了不起的成就。

为什么？因为他与这三种人都有交情，他把有钱却急需政治后盾的人，介绍给有势却无财力支援者，又将怀才不遇的人，引荐给他们。于是大家都获得了好处，团结成一股力量。

而谁是力量的中心？

当然是我这个无钱无势又无才的朋友！话再说回来，与众人结交的能力，何尝不是一种杰出的才能？

难道我这个朋友，都是等待最自然的机会，才去跟对方结识吗？

他必然掌握了每个小小的契机，把它发挥成大大的巧合，而与人结缘。要知道，会结缘的人，即使在路边看商店橱窗，都能与其他看橱窗的人开口寒暄。因为有共同的注意点，就是一种缘！

如此说来，你岂不是错过了一个大好的机缘？

记住，这世上每个人都可能跟你有缘，也都可能成为你的助力。中国有句俗话叫“见面三分情”，如果你常与人见面，将可能积蓄多少情啊！

那情常是你成功的保证，也是在困境中的通行证！

不要犹豫！不要吝惜！抓住机会，露出笑容，说一声：“嗨！”

这世界会变得好大，好可爱！

刘轩的话

成功搭讪法

擅长社交与否这件事，是没有规则可循的。喜欢社交的父母，并非就会有外向的子女，还常常正好相反！

我在当男性杂志总编时，曾访问过一群女孩对“搭讪”的观感。大部分的女孩子觉得最好的开场方式就是“嗨”，但大家怕的不是“嗨”，而是“嗨”之后不知道接下来该说什么。根据高人指点，谈话内容其实只占百分之三十；态度、举止以及其他非语言的部分则占百分之七十。无论你是谈音乐、电影或天气，最重要的是你的态度和微笑。如此说来，想认识一个人，先把心理调适好才是最重要的。

我有一些好朋友，聪明而健谈，但他们往往必须花很多时间跟人相处后，才会真正把心打开；到陌生环境时，他们都像是畏缩的小百合。他们对人常有相当细腻的观察，但如果不愿多与人交谈，那样细致入微的观察又有什么用呢？

我以前蛮害羞的，不太容易跟陌生人搭讪，也难怪老爸会写这篇文章。我现在稍微好一点儿，起码“嗨”已不是问题了！

回馈的爱

几个朋友烧了她最爱吃的鱼头送去，却听到老人瞒了十几年的秘密："鱼头虽然好吃，我也吃了半辈子，却从来没有真正爱吃过，只因为家里环境不好，丈夫孩子都爱吃鱼肉，只好装作爱吃鱼头。"

你一定常听我谈起兰屿的风景，但我要告诉你，兰屿给我印象最深的，不是山水，而是海边遇到的一家人！

那是一个傍晚，我在兰屿的海滩散步，看到一家人正蹲在地上整理刚网到的鱼。他们把鱼小心地分成四堆，也可以说是四种等级。

“为什么把鱼分开来摆呢？”我当时好奇地问。

男人用生硬的汉语，指着最好的一堆鱼说：“男人鱼！”又指指剩下的两堆鱼说，“女人鱼！小孩鱼！”最后指着那显然又少又差的鱼说，“老人鱼！老人吃的！”

那海边一家老小的画面，至今仍清晰地映在我的眼前，甚至可以说，深深烙在我的心上。

我常想：为什么那老人家要吃最差的东西，又为什么当时那老人家，竟抬起头来，对我一笑？

后来，我到朋友家做客，再一次受到这种震撼！晚餐之后，我指着桌上的残羹剩菜，对主人客气地说：“您准备得太丰盛了，剩下这些，多可惜！”

岂知主人才六七岁的小孩竟毫不考虑地搭了腔：“不可惜！奶奶吃的！”

“我婆婆等一会儿会出来吃！”女主人说，看见我十分惊讶，又解释，“她不喜欢一起吃，叫她吃好的，她还不高兴，只有剩下来的，她才吃，而且吃得高兴！”

现下我坐在桌前给你写信，想到那个画面，禁不住流下泪来！我要再一次问：

为什么？

为什么?

只因为老人家没有了生产力，就该吃剩的，该吃坏的吗?

只因为老人家“自愿”“高兴”，我们就任她自生自灭吗?

相信你一定读过我在《点一盏心灯》里写的《爱吃鱼头》那篇文章，老人家临终前，几个朋友烧了她最爱吃的鱼头送去，却听到老人瞒了十几年的秘密：

“鱼头虽然好吃，我也吃了半辈子，却从来没有真正爱吃过，只因为家里环境不好，丈夫孩子都爱吃鱼肉，只好装作爱吃鱼头。”

这是千真万确的事，故事中的老人家有幸在临终前说出心底的话。问题是这世上有多少为家庭牺牲的父母、尊长，就在晚辈的一句“她自己喜欢”的漠视下，慢慢凋零了。

是的！她们是在笑，因为自己牺牲有了成果，而快乐地笑!

但晚辈们看到那笑，是不是也该笑呢?

还是应该自惭地哭?

我为一档电视节目的内容进行评估，在读了一百多万字的专家论文后，印象最深的，竟然是论文里提到西方社会学家，于一九三七年起，在中国多年调查的结果：

“不要以为中国农村有许多三四代同堂的大家庭，事实上几乎没有！主要的原因是农民寿命太短，平均在五十岁以下，活不到多代同堂的年龄，又因为贫穷而缺乏维持大家庭需要的财富。”

你能相信吗，这个中国自古就盛行“多代同堂”的说法，竟然错了！那是理想，不是事实！

父母、尊长平均活不到五十岁，这是多么可悲的事！问题是，父母不能甘旨无缺、安享天年，难道不是做子女的耻辱吗？

过去穷，我们没话讲！

今天富，我们该多么庆幸。可是在我们庆幸的时候，是否该想想自己有没有真尽孝，抑或是制造了一种假象？

记得有一次，你抱着一碗鱼翅当粉丝喝，我很不高兴地说：“那是留给奶奶的！”

你则理直气壮地说：“奶奶说她不爱吃，叫我喝光算了！”

你有没有想过，奶奶是真不爱吃吗？还是“爱你”，而特意留下来？你应该知道，牙齿不好的奶奶，最爱吃的就是能滑溜入口的鱼翅汤了！

记得我们每年冬天都排列在窗台上的柿子吗？

为什么柿子一买就是十几个？因为我发现只买几个的时候，你奶奶知道我爱吃，总是先抢着吃香蕉，等我叫她吃柿子时，就推说自己早吃过了水果。

只有当她发现柿子多到不吃就会坏的时候，才会主动去拿。

你一定也总是看见我为你奶奶夹菜，她拒绝，说不要吃，我就把筷子停在空中，直到夹不稳而要掉在桌上，她才不得不把碗伸过来。

你注意，她哪次不是高兴地吃完呢？

你也必然见到，当菜做咸了，大家不吃，她却抢着夹的画面。我用筷子压住她的筷子，以强制的模式，不准她吃，因为血压高的人，最不能吃咸！

“瞧！有这样的儿子！不准老娘夹菜！”她对着一家人抱怨。

你有没有注意，她是十分高兴地说这些话？

所以，我要隔海叮嘱你，希望你能注意家里外公、外婆和奶奶的饮食，我不在，你母亲又常加班，这就成为你的责任！

当我们小的时候，长辈常用强制的方法对待我们，叫我们一定吃什么，又一定不准吃什么！他们这样做，是因为爱护我们！

而在他们年老，成为需要照顾的“老小孩”时，我们则要反过来模仿他们以前的做法——

用强力的爱！

这不是强迫，而是看穿老人家装出来的客气，坚持他们接受晚辈的孝敬！

如此，当有一天他们逝去，我们才可以减少许多遗憾！因为我们为天地创造了一种公平、回馈，以及——

无怨无悔的爱！

奶奶温暖而无悔的爱，长伴着作者一家三代人。

刘轩的话

接受并回馈

我去过兰屿，那里季节多变，一年当中可以捕鱼的时间不长。虽然以现在的眼光看“老人鱼”的习俗是令人感伤的，但那也反映了一种很坚硬、实际的人生态度。

我曾经到城里一家照顾独居老人的疗养院，有很深的感触。疗养院院长提到，他们一开始只收容老人，结果死亡率居高不下。后来他们加收了一些离家少女、未婚妈妈，让这两个族群互相照顾，发现效果非常好，因为老人与少女彼此付出关怀，彼此都获得实质与精神上的满足。

对我奶奶来说，她这样的举动就是爱。除了这样的付出与自我牺牲，还能以什么方式来表达爱意呢？我奶奶在八十几岁，还把我视作她的小孙子，总是夹菜给我吃，那是祖母对孙子永远的情感。这时，我也只能夹菜给她，接受她的这份爱，同时回馈这份爱。

人是为活而生

他是哈佛大学的博士，却在心理医生的要求下，不支薪地每周上两天班，做些小学生也会做的事，目的只是接触人群！你知道为什么吗？因为他无法接受妻子死去的事实，整个人几乎活在虚幻的世界。

深夜，突然接到长途电话，说你的二姑过世了！死于四十九岁的壮年。

“她去了！什么都没来得及说，她居然就这么去了！”你二姑父在电话那头喊着，像是充满不平、充满疑惑，认为那是不可能发生的事。他是在喊，但没有什么声音；他是不信，但二姑毕竟去了，真真实实地离开了我们，不再回来，永远，永远！

我呆坐着，看见书房一角的你，停止打电脑，挺直着背，没有声音。便偷偷擦掉眼泪，拨电话给美国的几位亲戚。然后走到画室，与你母亲面对面坐着。

“为什么最近我们有这么多朋友，病的病，死的死？”你母亲终于打破寂静。

我也在想这个问题。先是同事昆兰博士，才四十出头，有一天没上班又未请假，秘书拨电话、按铃，全没回应，警员打开门，才发现他躺在沙发上，早已僵硬多时了。接着是广播界的崔，我回台湾地区前还来电话，邀请我主持节目，等我返美时却已不在人世，从发病到死，不过两三个星期。然后是高中同学，又住对门的林，突然觉得天旋地转，叫救护车送到医院，发现肿瘤已经压迫到视神经，立即动手术，从鼻腔打个洞到脑垂体。那时我还托你二姑去探病，怎知道，去探望人的二姑，自己竟先辞世了！

记得我在大学时，有一回和长辈聊天，他说：“你知道什么是四十岁吗？四十岁就是每天必须吃维生素，才觉得心安的年岁！”

这句话我一直记在心上。但是，当我真正踏入人生的第四十个年头，才发觉四十岁给我最大的感触竟然是：

要学习面对亲友和自己的死亡！

我在痛苦中不禁问：为什么上一代不早点教我们认识“死”呢？

是的！我认为“死”可以教，不是教我们去死，而是教我们如何去面对，以及如何建立死亡的哲学。否则，当亲人一旦离去，我们将难以承受。

你母亲在学校里，专门审核新生入学，她发现有些学生高中几年成绩都好，某一年突然掉下来，原因往往是遭到家庭变故。其中最主要的，就是亲人的死！

学校办公室里也用了一位中国老先生，他是哈佛大学的博士，却在心理医生的要求下，不支薪地每周上两天班，做些小学生也会做的事，目的只是接触人群！

你知道为什么吗？因为他无法接受妻子死去的事实，整个人几乎活在虚幻的世界。

但是我也有个朋友，虽然与妻子鹣鲽情深，太太死后，却好好地挺了过来。因为他才从墓园回家，就把家具扔了出去。壁纸、沙发、寝具，全部换新，自己则经常外出度假。他说：

“睹物思人！死的已经死了，哭有什么用？活的人毕竟要活下去！玛莎（他妻子）地下有知，也会希望我能克服痛苦。爱她，是好好活下去，不是跟着死！”

有了这三个例子，加上二姑的去世，我要对你说：

过去我有中国父母的老观念，希望你读邻近的大学，甚至将来结婚都住在一块儿。但我现在改了！希望你上远处的大学，以后也别住在一起。

因为孝顺父母，不是黏着家。黏的孩子如同藤蔓，自己站不直，被缠的树也少了自由。最大的问题，是我们多半会早走一步，如果天天生活在一起，家里的每个角落，都有我们的影子，在未来会对你造成更大的打击。

子女爱父母，应该帮助父母完成心愿，免得双方都遗憾。

父母爱子女，应该帮助子女克服死别的痛苦，在父母死后，坚强地活下去。

希望你从年轻时，就建立对死亡的人生观，在心灵上武装起来。并且记住：

人是为活而生，不是为死而生！

即使死神敲门，叫我们明天走，今天也要好好活下去！

刘轩的话

紧握的爱

我们该如何好好度过这辈子，让我们某一天离开时，不至于留下太多遗憾？

文中我老爸提到希望以后不要住在一起，当年他也一心期望我能进外地的大学，而不是住家附近的学校。可是当我妹妹进入离家不过一小时车程的哥伦比亚大学时，他却高兴得不得了。

说穿了，只要爱，就会疼惜、就会舍不得放手。但在关心的同时，如何保留彼此的空间也很重要。尤其是血亲，这辈子注定紧密相系，但有些人容易让自己的情感纠缠不清，有些人则知道适度地放手。父母愈能把握分寸，子女愈会珍惜。

第四章

梦想

梦想，真是太吸引人了！

刘墉青春修炼手册

使人惊艳

美好的第一印象，常能带来以后的成功。即使是童话中的灰姑娘，当她穿着漂亮的衣服、蹬着精巧的水晶鞋，走下南瓜变成的礼车时，也是令人惊艳的。

有一年十月，当我刚到肯尼迪机场就觉得有什么特殊人物将要出现，接着看见一个身材很高的女孩，在许多人的簇拥下进入贵宾室，她戴着深色的太阳眼镜，很神秘的样子，打听才知道，是“玉女”红星波姬·小丝。

这个“漂亮宝贝”，是我到美国不久就知道的，先是看她的电影《青春珊瑚礁》，接着听到有关她幼年时拍艺术照的风波，又知道她进入常春藤盟校普林斯顿大学，且看见她参加慈善的马戏表演，在绳索上做各种惊险的动作。

起初我只晓得波姬·小丝是美国少男少女崇拜的偶像，后来回台湾地区，甚至在北京，居然也四处看见她的海报，才惊讶于她的魅力之大。

但是眼前的“漂亮宝贝”，穿着朴素的衣服，在母亲的陪同下，安安静静地坐着，连头都不怎么转动，丝毫见不到大明星的光彩，倒令我半信半疑起来。直到在桃园机场，看见许多鹄候已久的记者，才确定那看起来平凡的女孩，果真是波姬·小丝。

晚上打开电视，正看到她记者会的新闻，我吓了一跳，那浓眉大眼、青春靓丽的美女，真会是同飞机毫不起眼的丫头？只觉得她一路上躲躲闪闪，像拿黑布遮起锦缎衣服般，不愿露出一点儿光彩，而且在下飞机后拒绝记者采访，怎么现在竟脱胎换骨般，变了个人呢？

细听新闻内容，才知道波姬·小丝早上躲过记者群，一头冲进旅馆，养足了精神，请专人整理头发、化妆之后，才在旅馆里举行记者会。她露面了，但没有在二十个钟头飞行后的憔悴时，而是在充分休息与准备之后，所以她得到了预期的回应——

惊艳！

“使人们惊艳！”这是不论女孩、男孩，漂亮的、不漂亮的，都应该学习的一件事。也就是不要在自己最弱的时刻曝光，使人们有较差的第一印象，而应选择最有利的时机，展现美好的一面。

美好的第一印象，常能带来以后的成功。即使是童话中的灰姑娘，当她穿着漂亮的衣服、蹬着精巧的水晶鞋，走下南瓜变成的礼车时，也是令人惊艳的。

若不是这番惊艳，灰姑娘能获得王子的青睐吗？不可能！事实证明，换下了漂亮衣服和水晶鞋，重新回到厨房，便没人认得出她是前夜令人惊艳的美女。幸亏留下了水晶鞋，才能找到她。

每个人的条件差不多！尤其是现在，教育普及，生活富裕，大家的才能都获得充分的发挥。加上人口愈来愈多，竞争愈来愈大，要想鹤立鸡群，已经办不到，因为人人都是鹤。所以真想崭露头角，往往要靠“令人惊艳”的功夫！

或许你会说：“我不艳！如何惊艳？”

那么我要告诉你，每个人都有与众不同之处，在恰当的时机，把你特有的美好一面表现出来，让别人惊讶地发现，就是“惊艳”！

可以是一种瞬间优美的展现，令看到的人难以忘怀。早期现代诗人戴望舒，写过一首描写在下雨天的小巷里，一位少女擦身而过，又飘然消失在巷子尽头的诗，美极了！就是这种神龙见首不见尾式的惊艳。

惊艳，也可以是订好计划，一鼓作气，掌握高潮的表现。譬如一位主持人介绍歌手出场："现在让我们欢迎蔡琴小姐，她曾经演唱《金大班的最后一夜》的主题曲，相信是大家都难忘的！"

另一位主持人说："《金大班的最后一夜》，相信许多人都看过了，尤其主题曲，更是令人难忘，现下就让我们欢迎原主唱人蔡琴小姐！"

两相比较，当然后者能引来更热烈的掌声。道理很简单——把高潮集中在后面，一鼓作气地引出；至于前者，则有"再而衰，三而竭"的缺点了！

正因如此，演说家们都知道，即使早到会场，也应该避免曝光，否则你去跟这位听众握握手，那位朋友打个招呼，真到开讲，大家早疲了，远不如准时到达，立刻上台，能引起轰动。这也就是惊艳！

当然更有许多人用非常的手段，达到非常的效果。譬如唐代大诗人陈子昂刚到京城的时候，没人认识他。某日有人当街卖古琴，要百万的高价，陈子昂毫不犹豫地买下。旁观的人都惊问买琴的原因，陈子昂说：“因为我擅长弹古琴。”人们又问：“能不能演奏一曲呢？”陈子昂则说：“明天吧。”

第二天当大家都到了约定的地方，陈子昂早准备好酒菜，并捧着琴对众人说：“我陈子昂有文章上百篇，不为人知。这种乐工的小技，算得了什么？”说完便把琴砸碎了，并将文章分送给会众。一天之内，就名满京城。

听了这许多“惊艳”的故事，你有什么感觉？

在这茫茫人海之中，你又该怎样展示自己，使人惊艳？

记住！先认识自己的长处，不要急，不要慌，选择最适当的时机和场合，淋漓尽致地发挥出来！那么——

即使你是沉潜已久的灰姑娘，也将有出头的一天！

波姬·小丝当初来台时引起不小的轰动，出入皆有带枪警探的保护。(《时报周刊》提供)

刘轩的话

紧握那十五分钟

我们常常只有一个关键机会，让人们注意到自己。这点在演艺圈特别重要。因此，许多艺人"耍大牌""难搞"，都是为了爱惜自己的羽毛，让自己随时保持最佳状态，以面对世界的目光。

奇怪的是，偏偏明星愈让人惊艳，群众就愈想看他们出丑。现在"狗仔队"已成为一个非常恶霸的媒体势力。现在的艺人即使躲在家里，还会有记者去翻他们的垃圾，或躲在树丛里用望远镜偷拍。甚至还有八卦周刊直接跟明星说，如果不想整天被跟盯，就干脆主动制造绯闻，让周刊拍些有料的镜头，起码如此还可以监督照片的品质。

你说，现代的"惊艳"，岂不已成了"惊丑"？

灵活的战术

父亲把苹果放在地毯中间，对几个孩子说：“谁能不用东西够，又不踩到地毯拿到苹果，就算赢！”当几个大孩子尽力伸手伸脚够苹果时，最小的孩子却把地毯卷起来，拿到了苹果。

放学才进家门，你就兴冲冲地拿了一部计算器，坐到我对面，打下数字：0.1134。

“爸爸，你看一下，这是什么？”

“0.1134。”我瞄了一眼说。

“你再看一下嘛！”

“不是 0.1134 吗？”我又仔细看了一下计算器。

“不对！你再看一次！”

“我看过了，是 0.1134！”

你突然兴奋地跳了起来。“哈哈！你为什么那么死脑筋呢！从你那个方向，怎么看也不会是 0.1134，而应该是 HELLO，是哈啰！是哈啰！爸爸你认得哈啰吗？”

看你得意地跑出书房，我把你叫住。

“先谈正事，我托你拿到曼哈顿冲洗的幻灯片好了吗？”

“噢，没有！因为要等三个小时，我等不及！”

“明天星期六不上课，礼拜一又过节，我急着要，怎么办呢？”

“我也不晓得。难道现在再赶去？只怕也关门了！”你摊摊手，“明天冲洗店虽然开门，可是我有同学要来，不能进城！”

“有住曼哈顿的同学来吗？”

“啊，对了！”你一击掌，“马克就住在冲洗店附近，我叫他顺便带来，现在就打电话给他和冲洗店！”

于是轮到我调侃你了。

你为什么那么死心眼呢！此路不通，还有别的路通，如果你碰到不通，就傻在那儿，岂不误了我的大事！你尤其要知道，在人生的战场上，脑筋慢半拍的，很可能失败。

让我告诉你，一位出版界老朋友，多年前被人击垮的故事。

早期的中国台湾，不太保护岛外的知识产权，出版商可以随意出版外文书的译本。我这位老友通过关系，找到岛外一本即将上市，而且必定畅销的书。他立刻交给一位学人翻译，并在译到三分之二的时候，开始大做宣传。

“现在岛外已经上市了，你不怕别人抢过你吗?”我问他。

“怕什么？再快，现在翻译也来不及，我们马上就脱稿了！”他得意地说，继续大做宣传。

岂知他刚送去排版，市面上已经出现了译本。别人借他的宣传，立刻获得畅销，等他排版、校对、印刷、装订完毕，已经失了先机。

难道别人更早拿到原著?

不是！别人远比他晚。

但是对方把一本厚厚的原著，立刻拆成二十多份，分别交给二十多人翻译。原本两个月的工作，三天就完成了！

我相信对方译的，由于笔调不统一，绝对不如我这位朋友的好。问题是在人生的战场上，射不太准，却能拔枪快、射得多的人，常成为神射手的克星。

对方赢了！赢在他的“心眼不死”。当别人从一个角度看事，他却从不同的角度着手。这不是跟你的电脑游戏一样吗？

你或许听过这两个故事——父亲把苹果放在地毯中间，对几个孩子说："谁能不用东西够，又不踩到地毯拿到苹果，就算赢！"当几个大孩子尽力伸手伸脚够苹果时，最小的孩子却把地毯卷起来，拿到了苹果。

司马光小时候跟一群小朋友玩耍，一个孩子不小心掉在大水缸里，别的孩子想尽办法从上面救，却又拉不到下面的小朋友，只有司马光不慌不忙地用石头打破水缸，救出了溺在其中的孩子。

此外，你还记得前些时候电视台报道，一辆大货车载着机器过新泽西大桥，因为机器超过半英尺过不了桥头铁架，造成后面车子大排长龙的事吗？

在许多人束手无策的情况下，一个孩子说："何不把轮胎的气放掉？"居然就解决了问题。

当你发现原来的计划行不通时，不要去想那计划花了多大工夫，或有多完美，因为不通就是不通，再完美的计划也没用。最重要的是：

你必须立刻找其他可行的路。愈快回应，愈能成功！

刘轩的话

“玩”创意

“创意思考”是否能被训练？我觉得应该可以，但那需要一点儿不规矩的态度。我觉得最有创意的人也常是最会玩的人。他们可以把一般人天天用的东西拿来当玩具，例如我们用塑胶杯喝水，他们却用来种花，或是加个灯泡在里面变成装饰。这种“玩”的态度，反而比较容易让他们看到事物的本质，进而运用那本质发展出新的创意。当椅子不是椅子、汤匙不是汤匙、塑胶袋不是塑胶袋的时候，你就很“0.1134”了！

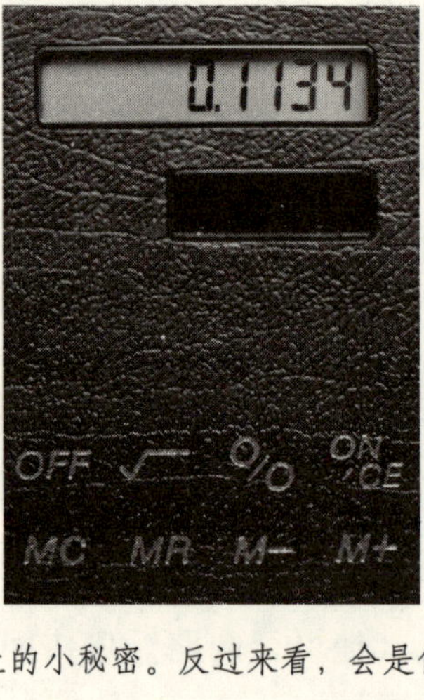

计算器上的小秘密。反过来看，会是什么？

台面都上不了，怎么成功

“要成功，先得上台面！台面都上不了，怎么成功？”而这台面岂是容易上的？常是要忍辱、负重、贴钱、蚀本、吃亏，且偷偷吞下眼泪，才能上去的！

“有一家杂志社，想请你那担任专业模特的同学乔安娜拍封面照！”才回到纽约，我就告诉你这个好消息。你却手一摊：

“乔安娜已经不干模特了！”

“为什么？”我一惊，“一百八十厘米的身高，又长得漂亮，她很有这方面的条件哪！”

“Frustration（挫折感）！你知道吗，她的经纪人，三天两头叫她去不同的地方面试，不要说十去九不成了，简直一百次去，有九十九次不成！好不容易搞到一个机会去加拿大为服装杂志拍照，偏遇上坏天气，而摄影师需要一片蓝天的背景，结果钱虽然拿到了，照片却没被采用。”你十分为她抱不平地说，“最火大的是寒假，她接了一档不错的工作，去巴哈马群岛出外景。哪知道，当她兴高采烈飞到迈阿密，转机时才发现巴哈马群岛是外国岛屿，而她没有护照签证。人家不准她入境，只好打道回府，偏偏普通舱又客满，买了头等票回来，她的经纪人却要她自己付回来的机票钱，乔安娜简直破产了，所以她决定不干了！”

“你觉得有道理吗？”我问。

“多少有点道理！挫折感就是道理，一而再，再而三地遭遇挫折！”

那么让我说几个亲身经历给你听吧！

在我大学刚毕业的那年，非常幸运地得到了一个主持三台联播晚会的机会，由于反响很好，某公司就请我去制作并主持一个类似的节目。于是我每天奔忙于节目的联络，并亲自编写脚本，甚至跟着歌手一起录音，临时客串和声。

节目中有个短剧，也由我编写，但是当我千辛万苦找来各种史料，细细考证，将剧本写好时，导播却说不行，由他找人改写。只不过改了小小几段，编剧却换成了别人的名字，更甭提编剧费了。

过了不久，那公司请我担任一场晚会的主持，事后导播拿了主持费的签单给我，说："对不起！由于制作费不够，虽然你签的是这个数字，但我们只能付一半，其余的得拿去补贴别人！"

过了一阵子，他们又找我，说有个益智节目应该改进，并把我介绍给制作人。

那位制作人倒也十分热情，要我立刻参与新节目的策划，并撰写第一集的脚本。岂知脚本送上去，便石沉大海，原来制作人带着新节目的策划案，跳槽了！

于是公司又要我去找另一位制作人……

说到这儿，我请问，如果是你，你还去不去？而前面我所说的这许多遭遇，又算不算是挫折呢？

我去了！这就是我主持《分秒必争》的因缘。那个节目，收视率非常高，而我做每次节目的开场白，则成为后来的《萤窗小语》！

再谈谈《萤窗小语》吧！你知道当我拿着第一集的稿子，去见一位出版社负责人的情况吗？他随手翻了几页，斜着把稿子递还给我，笑着说：

“这么小小一本，我们不感兴趣！”

他的笑，我一辈子都不会忘记。

接着我又拿去给电视公司的出版部，说：“这内容既然在公司播，是否能由公司出版？”

对方的答复也差不多：“这么小小一本……你自己出吧！”就是这一句“你自己出吧！”使我一本接一本写，一本接一本出，建立了我对写作的信心，创作出更多的东西！

直到今天，我常想：如果没有先前的挫折，而由别人草率地出版，可能不会销得那么成功，也没有今天的我。

再往前想，如果我当初跟导播斤斤计较，找公司负责人理论，或许能“争回公道”，但很可能便没有后来的机会。而没有《分秒必争》，也就没有《萤窗小语》，我更不会被聘请进入新闻部。

那么再谈新闻部吧！当我进入新闻部后，由于《分秒必争》的风评好，又有传播公司请我复出主持，甚至拉到十几家广告。岂知公司先同意，临时却又以记者不适合兼做节目而变卦，另塞给我一个新闻性的节目——《时事论坛》，叫我担任制作兼主持人。

当时新闻尺度很严，大家都说我不仅丢掉了金蛋，而且拿了个烫手的山芋。事实果然如此，第一集上午才录完，下午就接到通知——不准播出！理由是对大专联考批评太多，会影响考生及家长的情绪，影响社会安定。

而节目就要在第二天播出，我急成了热锅上的蚂蚁。

请问这是不是挫折？如果是你，或你的同学乔安娜，你们还做不做？

我咬牙扛了下来。不到一年，《时事论坛》获得金钟奖！

今天，每当我遇到挫折，便感恩。因为我的成功都是从挫折中产生的，我的良机常是对手给予的。当前面的山路塌方，我所获得的是找另外一条出路，在那里见到别人未曾看过的美景，所以在我的字典里没有“挫折感”这个词！

就由山路谈起吧！我回来时，与一位做电视演员的朋友一起去梨山玩。刚到达，朋友半夜突然接到台北电话，要他回去录一个男扮女装的闹剧。

“一定是别的大牌演员拒演，才会轮到我！”他说，“抱歉！我明天一早就得赶回去！”

“既然是别人不愿演的丑角，你为什么接？”

“因为这是我难得担任主角的机会。要成功，先得上台面！台面都上不了，怎么成功！”

他的话很简短，却道出了真实的人生、现实的人生！也使我想起多年前一位名歌手对我说的话：

“当年不如意的时候，我请求去歌厅驻唱。那老板居然一副不屑地说：‘你有这个身价吗？如果你能以台下的掌声证明，我就请你！’当时我觉得简直受到侮辱，但是我把眼泪吞了下去，说：‘可以！我可以找到人买票捧场！’而我确实就花钱买票，请亲戚朋友去看，专为我鼓掌叫好。渐渐地，掌声愈来愈响，不仅是我请的人，而且有了许多自动前去捧我的听众，甚至到后来，我的亲戚想去，都抢不到一张票……”

她最令我难忘的一句话，也是：

“要成功，先得上台面！台面都上不了，怎么成功？”

而这台面岂是易上的？常是要忍辱、负重、贴钱、蚀本、吃亏，且偷偷吞下眼泪，才能上去的！

如此说来，乔安娜的frustration（挫折），又能算是挫折吗？如果怕挫折，她能上得了台面？又能成功吗？

请你好好咀嚼我的这段话，并转告乔安娜！

对了！我还有一点儿好奇，身为史岱文森中学三年级高才生，怎么会不知道巴哈马是外国？

一百八十厘米的乔安娜，头身比例一比七，是最标准的模特身材。

刘轩的话

老天爷的礼物

挫折感是老天爷给我们的，有些人分到多一点儿，有的人少一些。

有些人愈挫愈勇，有些人则碰到小挫折便全然崩溃，面对挫折时的反应与态度，往往最能看出一个人有没有成功的条件。

还记得我妹妹考茱莉亚音乐学院的时候，整整一年的时间，她天天拉琴三个小时，却没被录取。她躲起来哭了好几天，但后来，房间里又传出她的琴声。这一点，我给她竖起大拇指。

我父亲教导我与妹妹的，未必是成功之道，而是面对挫折时的基本态度。人生不尽然如意，如何把握现实生活条件，勇敢面对，而且再出发，才是最重要的。

哈佛梦想

在这个圣诞前夕，我从地球另一边写信给你，充满激动与对上苍的感恩。而在信的结尾，我要说:“贺你成为哈佛人！我们以你为荣！”

你知道我小时候听过的第一所美国大学是哪个吗？

是哈佛！

高中时，从百科全书上，我知道哈佛的历史远比美国的历史长，而且早在上世纪六十年代，哈佛已经为美国培育了六位总统。我最崇拜的文学家、诗人，如艾略特、亚当斯、梭罗和爱默生，都是哈佛毕业的。

只是当时我连考台湾地区的“联考”，都没有把握，哈佛自然更成为遥不可及的名字。

直到我认识美国“大使”安克志的儿子安拙，想进哈佛的心才又动了起来。因为他对我说，他高中成绩并不很好，但经过口试却被哈佛录取了，当时的口试官说：“我们重视的不是你已经‘装了多少’，而是‘未来能装多少’！”

于是我想：说不定以我这种不怎么样的成绩，有一天也能混进哈佛研究所呢！

然后我到了美国。才落地，就看见报上登的哈佛大学已革新课程，要求每个毕业生都要精通写作、数学和电脑，他们认为这是大学生的基本训练，不能灵活地使用这三者，就难以在未来世界成为第一等人。

有些媒体又说，哈佛认为大学教育，不是培养一批会死记的书呆子，而是指导学生怎样在不同的领域做深入的研究。

正因如此，他们取消了以前的入门课程，譬如“美国历史的主题”和“化学指导论”，被“中世纪的骑士浪漫主义”“东亚小说”甚至“非洲礼仪的艺术和神话”取代。而在必修的课程中，“外国文化”和“文学及艺术”类居然占了二分之一。

哈佛说他们要的是“国际人”，也就是有国际的前瞻性，而不只是狭隘在本科里的人。本科修得再好，没有世界观与人文素养，还是不够。

哈佛变得愈来愈对我胃口，我甚至在拿到大学副教授的职位后，都想辞职搬到剑桥城，去做一个“哈佛人”。

可惜，生活上的顾虑，和你进入高中，使我打消了这个念头。尤其是看到统计报告上写着，连平均分九十七点二七的高中生，都被哈佛打了回票时，更心想：恐怕连儿子也进不去了！

倒是你不死心，到学校图书馆翻出“学院档案箱”，那是由你们历届进入名校的学长发表的大学感言集合而成的。

你对我说：“哈佛真是太吸引人了！虽然校友都说那里有天下最难吃的伙食，但是也讲，最吸引人的不是教授，而是学生；不是校园，而是气氛；半夜还有人在校园演奏、街头舞蹈。走在那儿，简直就像到了纽约的苏荷区，每个人都那么不同！”

“我们要的是不同！不是相同！死板教育下的产物是一个样子，但是哈佛让学生自由发展，成为他自己的样子！”你眼睛里闪着光彩，使我想起少年时的自己，梦想成为哈佛人。

于是你从高四上学期（按：美国高中为四年制），就开始填申请书、写自传，要求哈佛提前批准入学。

“你可以说你帮我做过的那些事！”我建议。

“那不重要！因为学校不把靠自家人的成就算进去。”

“我们可以请大学校长写推荐函。”你母亲说。

那也不重要！恐怕自己老师写的反而更可信。

我们不再多说了，任你自己去实现梦想。只是当你把自传拿给我看时，令我湿了眼眶，你说：

“作为一个移民，我能以新的眼光来看美国文化；但是反过来说，我更能从西方的观点，回顾中华文化的遗产。由于流着中国的血液，如果能进入哈佛，我们希望在西方的个人主义与中国的儒家思想间，找到一种交融之道。我要用自小的中文训练，帮助我完成搭建这两国文化的桥梁工作……”

我发现，从你七岁来美，我就天天逼你学中文，不知为此发生多少父子争执，也不知费了我多少心力。而今天突然有了收获，有了认同。

在这个圣诞前夕，我从地球另一边写信给你，充满激动与对上苍的感恩。而在信的结尾，我要说：

“贺你成为哈佛人！我们以你为荣！”

自史岱文森高中毕业进入哈佛大学，刘轩实现了梦想。此照摄于刘轩的哈佛毕业典礼。

刘轩的话

哈佛经验

看到这篇文章，相信很多家长会说：“这本书要买！”

其实，我不太记得自己当初怎么申请哈佛的。我没把这件事看得很重，因为说实话，谁也没指望我能进得了，况且还是提前得到批准。我的导师、同学，尤其在第一堂课坐我对面，说我铁定没机会的家伙J.D.Larock（不知道他现在在干什么）全跌破眼镜。

现在回头分析自己的申请过程，关键可能在于我的作文与作品里有很强的个人想法。我证明自己理解身为一个美国华侨的意义，也明白自己的长处与优势。我爱玩，喜欢搞戏剧、音乐、电影，可能也使我的申请书增加不少色彩。

我真希望能够告诉大家如何进哈佛，但我真的不确定。我甚至认为连哈佛入学部也不确定。我只能说，如果真的有一套公认的“入学方法”，哈佛一定不会遵守的！

尊重少数的情操

譬如当“泰坦尼克号”邮轮遇难沉没前，明知救生艇不够，男人们却仍让妇女和小孩先上。多年前佛罗里达州航空公司飞机空难时，浮沉在致命的冰河里，一个男人把直升机垂在眼前的绳索，让给身边不认识的妇人，然后自己冻得休克死亡。

你提到汤玛斯使用诡计，终于换课成功的事，真是太有趣了！让我想了一早上，还觉得余味无穷。

你说汤玛斯被分到有“屠夫”之称的数学老师班上，许多同学想尽办法退课，都被“屠夫”一眼瞪回去，只有汤玛斯编了一个稀奇的理由，很轻松地过了关。因为他说：

“老师！我信一种教，每天到十点钟的时候，必须独自去祈祷……”

这使我想起有位朋友买房子，看上里面一个雕花镜，要求屋主留下，屋主说：“这是挂在墙上的，不算房子的一部分，所以我要带走！”

我那朋友灵机一动，也编了个理由：

“我们中国人非常重视镜子，认为一直挂在屋里的镜子，有镇宅的作用，不适合换……”

话才说出口，那屋主居然就答应了。

这两件事多么类似啊！我并不同意他们欺骗，却不由得不想：为什么原本很难办到的事，一抬出宗教信仰或迷信，就成了呢？

想了一个早上，我终于悟通——美国不仅是尊重少数的文化熔炉，更尊重那些难以改变的事实。

所以我们常看见电视和报刊上，以总统和政府官员做消遣，却未见对种族、性别和宗教信仰的讽刺。我们听到的话题，常是如何保障少数族裔和有色人种的权利，以及对残障者的照顾。电视台则不仅播出英语节目，而且另开频道给少数民族，以保存他们的文化特色。连世界著名的林肯中心，除了一般演出，每年还安排特别的档期，颁发“亚洲杰出艺人奖”。

经过南北战争和无数黑白冲突的惨痛教训，这个国家的民众开始了解，我们一方面乐见别人与自己相同的地方，一方面应该尊重彼此相异之处。真正的和平共荣，不是以人多势众来压制弱小声音所能达到的，即使达到，也不平等！不平等的民主，称不上真民主！

但不要认为“尊重少数”是件简单的事，因为没有胸襟的多数，不太可能注意少数的存在，而那胸襟是需要各种条件配合的！

每次看非洲野生动物的节目，我都对狮子和土狼（hyena）特别感兴趣。当狮子呜呜低吼、大啖猎物的时候，弱势的土狼只有在旁边流口水的份儿。偶尔碰到耐不住饥饿，偷偷向前的，立刻会被狮子一爪子赶开。令人不解的是，那些带着幼狮的大狮子，甚至不让小的先吃，直到自己快吃饱，才轮到小狮子。最后，整个狮子家族便懒洋洋地离开，躺在不远的草地上打盹儿，任由土狼抢夺剩余的猎物。

这也使我想起，多年前到一个农家吃饭，只有男主人招呼客人上桌，他的妻子前前后后地端菜分羹，一群孩子则在门外张望，有个小的忍不住馋地走进来，被母亲一巴掌打了出去。我如坐针毡地吃完饭，吞下的全像石头，哽在胸际。直到今天，还记得那孩子捂着面颊哭泣的眼神，这与非洲的狮子家族又有什么不同？

但是我逐渐了解，从弱肉强食、你争我夺的原始本性，到“幼吾幼以及人之幼，老吾老以及人之老”的崇高人性，中间是有很长一段路要走的。也可以说，我们从小，由只顾自己，到关爱家人，到尊重团体（伙伴关系），乃至关心少数，甚至保护野生动物，需要一步一步地学。有些人一辈子都没能完全学到，其中最大的原因就是贫穷。

物资不足，确实会使人们失去优雅，所以我们在第二次世界大战的纪录片中，会看到那些原本端庄的欧洲妇女，为抢面包而大打出手。

但是，相反，崇高的人性，也很可能经得起最大的考验。譬如当“泰坦尼克号”邮轮遇难沉没前，明知救生艇不够，男人们却仍让妇女和小孩先上。多年前佛罗里达州航空公司飞机空难时，浮沉在致命的冰河里，一个男人把直升机垂在眼前的绳索，让给身边不认识的妇人，然后自己冻得休克死亡。

从这些故事，你会发现人们在衣冠文物进化的过程中，经过多少矛盾与挣扎，才能达到“己所不欲，勿施于人”，进而做到“己所欲，施于人”，甚至“牺牲自己，成全他人”。

如此说来，由尊重别人、服从多数，到尊重少数、接纳少数，不是很难得的境界吗？

让我说一个很平凡，却又令我极感动的体验：

某日我在长岛植物园写生，一群美国妇女有说有笑地走过，当她们发现蹲在花前的我时，突然放低了声音，彼此叮嘱地说：“有人在画画，别打扰了他！”

二三十人，对我一个，是多么不成比例，而她们竟然全体自我约束，显示出高贵的情操。

是的！那是高贵的情操！

尊重少数！

刘轩的话

不忘多数的权益

这是一个严肃的议题，以美国为例，大家会强调尊重不同宗教，对特殊的服装或祈祷方式不能干涉。但在同样是多种族、多宗教的法国，学校里却不允许。法国人认为学校是大家共同学习的地方，不能因宗教而有特殊待遇，否则违背教育平等的原则。

面对这两极的处理方法，我自己较倾向法国。在美国有时会出现一种现象，也就是“会吵的小孩有糖果吃”。有些少数族群要求“平等”，强迫大众不得不配合。为了尊重少数，造成多数人的不便，而且一味强调尊重个人，常使得许多关于族群或宗教的议题辩论，无法得到明确的结果。讨论空间被局限，旁人完全无法置喙。

我们不能忽略小众的声音；但同时，对于多数人的投票权，我们更要给予绝对的尊重。

做个世界人

这个世界已经小到巴黎时装界打个喷嚏，全世界的时髦小姐都会感冒的地步。你没发觉我们新订的意大利餐椅才运到，台北来的客人却说他家早有一套了吗？

谁能保证电影《星球大战》中，各星族共聚一堂的事，不会在你我有生之年出现！

经过你房门口，看你正在喷发胶，我说：

“如果有一天家里发水，由你负责！”

“为什么？”

“因为发胶里含有的氟氯烷会破坏大气臭氧层，结果阳光缺少了阻隔，造成地球温度升高，北极冰山融化，海平面上升，而我们家在海边，发水当然你要负责！”

“哇！”你笑弯了腰。

但我要郑重地说，别以为我是开玩笑，今天这个时代可跟以前不同了。过去当恺撒大帝杀入埃及的时候，中国的汉元帝正在大赦天下；当中世纪的西方军队在耶路撒冷屠城的时候，宋徽宗正在准备庆祝登基大典；当秦国大将白起坑杀四十万赵国降兵的时候，印度正享受孔雀王朝阿育王的歌舞升平。但是今天，当墨西哥发生大地震，台北立刻测到震度；当切尔诺贝利核电站辐射外泄，世界各国儿童喝的北欧奶粉，立刻有了污染的危险；当伊拉克侵入科威特，全球的油价都猛然上涨。

这个世界不是愈变愈小吗？

据报道，再过二十年，飞机在大气边缘做跳跃飞行，从纽约到东京只需一个多小时。于是你有一天，可能在纽约上班，台北晚餐，加尔各答睡觉。

记住！这个世界是以等比级数的速度进步，电脑已经在改良电脑，机器人已经在制造机器人；两德突然统一了，欧洲共同市场的国界几乎不见了，英法之间突然可以通车。

谁又能保证电影《星球大战》中，各星族共聚一堂的事，不会在你我有生之年出现?

最起码，如今你在曼哈顿，每天就接触很多不同人种。今天在纽约只会听纯正的英语已经不够了，我们必须适应中、法、日、韩、西班牙、印度乃至阿拉伯人的不同腔调。

记得你小学老师曾问:“如果有一天非洲码头大罢工，加拿大森林失火会造成什么影响？”

答案居然是:“我们就可能没有巧克力原料，也缺少包糖果的纸张。”

记得中学老师也对你们说:“虽然日本汽车造成许多美国汽车工人失业，但是如果我们不再进口日本汽车，将可能使日本人没有足够的外汇购买美国粮食，反促成军国主义复生，而影响世界安定。”

这个世界已经小到巴黎时装界打个喷嚏，全世界的时髦小姐都会感冒的地步。你没发觉我们新订的意大利餐椅才运到，台北来的客人却说他家早有一套了吗?

你没注意朱经武在超导体刚有突破，全世界都加紧脚步，研究更高温度的超导体吗?

你没看到电视上还报道，有些人用降血压药片磨成粉，配上酒精，做成生发水，而今这药已正式上市，排满一架了吗？

随着资讯的快速发展，最新的手术方法，才在医学杂志发表，全世界的医生都可能立刻跟进，且在明天拿出更成功的病例。

如同太空人阿姆斯特朗那句名言：“我的一小步，人类的一大步！”我们每天都可能走出全人类的一大步，别人也很可能随时帮我们跨出新的一大步！

后来航天飞机升空了，许多人都很注意这件事，因为听说在无重力状态下合成的药剂，很可能使艾滋病的治疗有突破性的进展。

但是想想以前，有几个人会关心太空科学呢？

记得我们每次去纽约自然历史博物馆，进门最先看到的那只大标本鸟吗？

它的名字叫“渡渡”（DODO），是原产毛里求斯的大鸽子，只因为不能飞，在上个世纪末绝种。博物馆的导游总是遗憾地说：“渡渡很可爱、很温驯，却全被衣冠楚楚的人打死了，真是人类的耻辱。我们不能再让世界上其他的动物绝种，那是我们的责任！”

是的！保育野生动物、保护亚马孙丛林、维护臭氧层和所有生态的平衡，全是我们的责任。

因为这是个小世界，而我们身为“世界人”！

生在这个时代，你的眼光要远，胸怀要广。

某部电视剧里感叹中国人过去没有走向海洋，我则建议你：想要未来成功，你必须现在走向世界！

温驯可爱的渡渡鸟，因为被人们杀害，已从地球上永远消失。（标本，摄于纽约自然历史博物馆）

刘轩的话

眼界无疆界

现在是个牵一发而动全身的全球化时代，就像所谓的“蝴蝶效应”：一只蝴蝶在亚马孙河流域振翅，却可能在美国得克萨斯州引发龙卷风。如果我们从外太空观看地球夜景，一个千万人的大城市，也不过是小小的光点，会发现每个人是如此渺小，又如此重要。尤其现在网络资讯无所不有，每个人都可以目睹资讯革命的前端，并亲身参与。

我有一位大学同学来台湾地区开会。这位老兄定居迪拜，公司在伦敦，父母在纽约，女友在曼谷，员工则分散在全球各地。在我们一起吃饭的短短时间内，他的手机响了三次，来自三个不同的时间区域。他一会儿说英文，一会儿说西班牙语，一会儿说阿拉伯话。

“我的员工，很多都在学中文。”他对我挤个眼，“我也打算尽快开始学！”

世界正向我们走来，我们能不加把劲儿吗？